THIS
IS
IT

디스 이즈 잇

THIS
IS
IT

디스 이즈 잇

'하나'의 본성에 관한 대담

얀 케르쇼트(Jan Kersschot) 지음
방기호 풀어 옮김

씨아이알

일러두기

1. 이 책은 시대적, 문화적 배경이 다른 여러 스승들의 대담록이다. 따라서 이 책에서 사용되는 특정 용어로 인하여 서술이 불분명하거나 언어상의 오해가 있는 부분은 해당 문장 아래 옮긴이 주를 통해 설명하였다.

2. 영어권에서(특히 이 책에서) 마음(Mind)은 부정적인 의미(Monkey Mind)로 쓰인다. 동양권의 마음(心)과는 쓰임새가 다르다. 이 책에서는 마음(Mind)과 의식(Consciousness)을 구분하여 사용하였다.

3. 이 책에서 '…의(of)'는 소유격이 아니라 동격으로 쓰인 부분이 많다. 이런 어법은 아드바이타 서적들의 특징이다. 이 책을 읽을 때 한국어(우리말)의 특성대로 '…의(of)'를 소유격으로만 해석하면, 동격인 단어가 소유자와 소유물로 분리될 위험이 있다.

4. 이 책에 자주 사용된 단어 'Apparently'는 '명확한'과 '겉보기에'라는 두 가지 뜻으로 혼용된다. 이 책에서는 이 단어가 자주 나오며, 전형적인 아드바이타적 어법이다. 예를 들어 아트만을 길게 발음(A-tman)하면 '전체(브라만)'를 의미하며, 짧게 발음(Atman)하면 '부분(에고)'을 의미하는 경우와 같다.

5. 저자는 '표현(Expression)'과 '발현(Manifestation)'을 구분해서 쓰고 있다. 저자의 의도로 볼 때, '표현'은 의미상 '드러남'에 가깝고 '발현'은 '현재완료적 드러남'이다.

6. '그것', '이것', '본성', '존재', '있음', '배경', '하나', '전일성', '비이원성'은 모두 단일한 '의식'을 가리키는 용어이다.

7. 원서의 각주는 ＊로 페이지 하단에, 옮긴이 주는 해당 내용 아래에 넣었다.

8. 대담자들에 대한 소개글과 인용글은 원서에는 없는 것을 옮긴이가 추가하였다.

몇 가지 질문으로 시작하겠습니다. 당신이 슬픔을 느낄 때, 그 슬픔을 지켜보는 의식도 슬퍼하나요? 당신이 기쁨을 느낄 때, 그 기쁨을 지켜보는 자각도 기뻐하나요? 목이 아프다고 의사에게 호소할 때, 통증을 느끼는 자각도 고통스러운가요? 현재 상황을 불평하는 목소리가 들려도, 그 목소리 또한 관찰되고 있지 않나요? 불쾌한 상황을 한탄하는 개인적 불평꾼이 있을 때, 그 불평꾼 역시 관찰되지 않나요?

아주 어릴 때부터 우리는 삶이라는 이야기를 연기하고 목격하는 개인으로 믿도록 프로그램 되어졌습니다.

그러나 최종 목격자는 당신을 떠나지 않고 여기에 계속 있어 왔습니다. 고요하고 투명하게.

에고 정체성이 관찰 가능한 관념임을 알아차리면, 질문은 다음과 같을 겁니다.

"이 모든 최종 관찰의 '행위자'는 누구일까? 또는 무엇인가? 그것은 단지 뇌의 작용인가? 개인을 관찰하는 마지막 목격자 역시 개인일까? 아니면 '그것'은 볼 수도, 지각할 수도, 상상조차 할 수 없는 존재일까?"

책에서 대문자로 쓰인 "그것(It)"은 시간을 초월하고 형태도 없는 존재를 가리킵니다. 그러나 "그것"은 결코 특별하거나 성스럽거나 초자연적이지 않습니다. 그것은 오히려 너무 흔해서 모든 곳에 존재합니다.

이 책에서는 다소 중립적인 단어를 사용하는데, 이를테면 "의식", "있음", "공간"입니다.

"그것"은 높은 경지에 도달하거나 평범한 사람이 갖지 못한 특별한 능력과는 아무 관련이 없습니다.

구도자들은 얻기 어려운 자신만의 배타적인 경지를 바라겠지만, "있음[存在]"은 개인적(個人的)이지 않고 만유적(萬有的)입니다.

그것은 자아 초월(自我超越)로 표현될 수도 있는데, 그것은 우리가 에고적 삶의 한계를 뛰어넘어 경계 없는 초개인적 공간을 발견하는 듯하기 때문입니다. 이것은 80억 편의 영화가 동시에 상영되는 하나의 흰 스크린과 같습니다.

그것은 80억 개의 무수한 파도들이 오고 가는[生滅] 바다 같지만, 바다 자체는 어디로 오고 가지 않습니다. 하지만 모든 은유나 온갖 개념들은 제한된 가치만 지니죠. 이 책에 쓰인 모든 언어와 마찬가지로.

이 책은 자아 초월적 삶에 관한 안내서로 보일 수 있습니다. 이를테면 지금 여기가 아닌 다른 곳에 존재하는 미래의 초월적 삶 말입니다. 그러나 자아 초월적 삶이란 '개인' 그리고 순수한 '있음'이 공존하는 평범한 삶을 말합니다. 그것은 파도와 바다의 동시적 존재와 같습니다. 이러한 생각을 한국의 독자들에게 발표하게 되어 무척 기쁩니다.

나는 이전부터 한국의 독자들이 호기심과 명확성을 가지고 이런 책을 흥미로워 한다는 사실을 알고 있습니다.

이 책은 당신이 진짜 누군지에 관하여 말합니다. 온갖 믿음과 소문으로만 들어왔던 당신을 뛰어넘어.

얀 케르쇼트, 2024년 봄

이 책을 번역하던 중,

수련의 시설이 떠올랐다.

정신과 첫 시간, 교수는 말했다.

'근점(近點)'을 이해하면 정신과 수업은 끝난다.

근점이란 대상에 초점을 맞춰 볼 수 있는 최소 거리다.

인간 눈의 근점은 10cm이다.

지금부터 말하는 거리에 눈의 초점을 맞춰 보라.

교수: 30cm, 20cm, 10cm, 5cm, 1cm……

학생: 점점 사물이 희미해집니다.

교수: 근점 0cm는 어디인가?

학생: ……

교수: 자신의 눈이다.

　　　눈이 눈을 볼 수 있는가?

학생: 볼 수 없습니다.

교수: 왜 그런가?

학생: 너무 가깝기 때문입니다.

교수: 우리 눈은 보는 대상이 근점에 가까워질수록 점점 볼 수

없게 된다. 이때부터 오히려 뇌는 가장 활발히 작용한다.

눈 대신 마음이 보기 시작하지. 정신과에서는 이것을 '의식'이라고 한다. 알겠나? 이것이 의식이다.

이 책은 '바로 이것'에 관한 책이다.

항상 보고 있으며 작용 중인 '이것'으로 살고 있지만, 너무 가까워 보이지 않는 '그것'에 관한 책이다. 너무 가까운 나머지 대상이 될 수 없는 근점 0cm인 '의식', 바로 '그것!'이다.

이 책은 '그것'에 대하여만 말한다.

누구에나, 어디에나, 언제나 있는 '이것'이다.

'이것'은 숨 쉬는 공기처럼 누구에게든 무상으로 주어져 있다.

그러므로 (이 책은 저작권이 있겠지만) 이 책의 내용은 저작권이 없다.

이 책은 누구나 가진 '그것'에 대하여 말하기 때문이다.

'이것'은 바로 우리의 바탕, 단 하나의 '의식'이다.

의식(Consciousness)은 con(누구나) + scious(알다)라는 말이다.

누구나 아는 이것에 저작권이 있다면, 누구나 숨 쉬는 공기에 대해 소유권을 주장하는 자와 같다. 이 책은 누구나 알고, 누구나 사용 중인 '그것!'을 드러낸다. 그러므로 이 책은 깨달음에 관한 책이 아니다. 깨달음 금지에 관한 책이다.

옮긴이가 처음 이 책을 발견했을 때, 오래전 일기장을 되찾은 느낌이었다. 어릴 때 갑자기 날아온 축구공을 머리에 맞고 기절했던 순간처럼 이 책은 나를 한 방에 KO시켰고, 늘 갖고 있던 '그것'을 확인시켜 주었다.

독자에게 부탁드린다.

이 책을 이해하지 마라! 읽지 말고 보라.

만일 이 책이 이해되었다면 당신은 다른 책을 읽었다.

이 책을 일기장으로 보라.

일기는 기억을 되살리는 비망록이다.

머리맡에 두고 기억이 가물거릴 때마다 이 책을 보라.

또는

너무 슬플 때나 너무 기쁠 때, 너무 허전하거나 너무 충만할 때,

사람이 너무 싫거나 너무 좋을 때, 이 책을 보라.

뭐든 너무할 때 이 책을 보라.

또는

자신이라고 생각되는 당신이

알 수 없는 외로움으로 벌벌 떨릴 때,

인생의 끝도 없는 혼란과 방황으로 절망할 때,

늙고 병들어 가는 몸을 보며 상실감에 휩싸일 때,

가까운 사람의 죽음으로 파괴적인 고통을 느낄 때,

뭐든 너무할 때 이 책을 보라.

또는

미래의 희망과 기대감으로 마음이 요동칠 때,

깨달음과 구원을 갈구하며 사원이나 교회로 서둘러 나갈 때

잠시 멈추고 이 책을 보라.

…… 진정되는가?

마음이 제자리로 돌아오면, 이 책을 던져 버리고 남은 인생을 즐기라.

이 책은 아드바이타에 관한 대화록이다.

아드바이타는 이분(二分)을 부정하는 비분법(Non-dualism)이며 인류의 가장 오래된 구전(口傳)이다. 고대 아드바이타는 인도에서 북쪽으로 건너가 기독교의 근원이 되었으며, 남쪽으로는 힌두교와 불교의 근간이 된 인류 최고(最古)이자 최고(最高)의 의식(Consciousness)이다.

아드바이타는 분리할 수 없는 '하나임'이며, 깨달음 과정과 노력이 필요 없는 직접적인 길을 가리킨다. '하나임'은 대상이 아니며 주체와 객체가 둘이 아닌 '있음'이다.

알려진 바와는 달리, 아드바이타의 원조는 힌두이즘이 아니다. 초기 힌두의 아트만(Atman) 사상이 선(禪)을 받아들이고 7세기 인도 샹카라가 통합하였다. 아드바이타는 선불교의 불이법(不二法), 기독교 도마복음의 일체론(一體論), 루미의 수피즘과 깊은 연관성을 가진다.

고대 베단타, 붓다와 예수로부터 시작된 아드바이타는 중세에 들어와 아디 샹카라, 수피와 루미, 에크하르트 수사, 도겐[道元] 선사가 계승하였다. 아드바이타는 근대를 지나 라마나 마하리쉬, 니사르가닷따 마하라지, 라메쉬 발세카, 슈리 푼자, 스리 란지트 마하라지로 이어지며 네오 아드바이타(Neo Advaita)로 발전하여 현대 영성의 주류가 되었다.

20세기 서양의 스승으로는 토니 파슨스, 에크하르트 톨레, 아디야 산티, 바이런 케이티, 루퍼스 스파이라, 켄 윌버가 있으며, 동양에는 틱낫한, 스즈키 순류, 숭산, 달라이 라마, 법상, 김기태, 심성일, 이문호가 현대 언어를 적용하여 아드바이타 삿상(Satsang)을 펼치고 있다.

이 책은 지금까지 열거한 동서양 스승들의 가리킴을 통합한 책이다. 이들은 매우 소수이며 도판이니 시류에 편승히는 스승이 아니다.

그러므로 이 책은
지금까지 발행된 깨달음에 관한 대중서와는 차원이 다르다.
값싼 깨달음이나 힐링 따위에 관한 잡서(雜書)가 아니라는 뜻이다.
이 책은
대상과 주체가 일치하는 근점 0cm인 '그것'에 관한 책이다.
이 책은
당신의 시야를 근점까지 몰아붙여 눈을 완전히 멀게 만들 것이다.
지금까지 당신 인생을 고통으로 몰아간 분별의 양쪽 눈 말이다.
이 책은
당신이 '그것'이며, 그것이 바로 '이것!'이라 가리킨다.
이 말을 머리로 알아차렸다면, 이 책은 '그것'에 방해만 된다.
하지만 대다수의 구도자들처럼 이해조차 안 된다면
반드시 이 책을 보라.
이 책은 기적을 일으켜 줄 것이다. 너무나 당연하고 평범해서
웃겨 자빠질 기적 말이다.

이 점 하나만은 단언한다.

이 책은 역자의 부랑아 같았던 구도 인생 20년을 한방에 날려 버린 최악의 구도서이며 최고의 항복 각서이다.

만일 이 책을 내가 썼다면, 나는 독자들에게 이렇게 소리칠 것이다. 이 책을 맘대로 베껴라! 허락 없이 맘대로 퍼 가라. 당신이 쓴 글이라고 거짓말하고 마구 퍼뜨려도 좋다. '그것'은 개인 소유가 아니기 때문이다.

풀어 옮긴이 역할 **방기호**

얀 케르쇼트, 젊은 날 우연히 여행지에서 그의 가르침을 발견하고는 너무나 기쁘고 반가웠던 기억이 있다. 이것도 인연인가. 다음 영성아카데미 교재로 얀의 책을 생각했지만, 현재 한국에서는 그 책을 구할 수 없던 터라 고민 중이었는데, 이렇게 추천사 요청이 온 것 아닌가. 시절인연(時節因緣)!

얀 케르쇼트는 영성의 길을 걷는 모든 이들이 오랜 세월 떠돌며 갈고 닦다가 결국 최종적으로 안착하게 되는 종착역과 같다. 말로 할 수 없는 '이것'이야말로 불교에서는 필경각(畢竟覺), 구경각(究竟覺)이라고 하듯, 구경(究竟)이기 때문이다. 여기에서 공부는 끝이 난다. '내' 공부가 끝나는 것이 아니라, 나는 사라지고 오직 '이것' 하나가 있고 없음 너머에 오롯하다. 더 할 것이 없다. 닦을 것이 없다. 그럼에도 세상의 많은 영성, 종교, 도(道)판에서는 끊임없이 무언가를 열심히 갈고 닦도록 이끌면서 그 결과 놀라운 깨달음을 주겠노라고 광고한다.

이 공부는 스승과 제자도 없고, 깨달은 자와 못 깨달은 자도 없으며, 해야 할 수행도, 도달할 곳도 없다. 쑥 내려가는 특별한 깨달음의 체험을 강조하지도 않는다. 누구나 본래 도착해 있음을 그저 문득 확인할 뿐이다. 확인하고 나면 모두가 평등하게 '이것'이다. 본래부터 단 한 번도 이 진실에서 벗어난 적이 없다. 이 책은 바로 그러한 진실을 놀랍도록 낱낱이 드러내고 있다.

내가 '수행'을 '해서' '깨닫겠다.'는 것은 망상 속의 일이다. 얀의 가르침은 나도 없고, 수행도 없고, 하는 것도 없고, 깨달을 것도 없지만, 붓다의 중도처럼 무위의 진실을 언어 너머의 언어로 드러내고 있다. 불교가 따로 있고, 선(禪)이 따로 있고, 힌두교와 영성가의 길이 따로 있을 것 같지만, 결국 그 모든 것은 언어이며 분별일 뿐이다. 그 너머에 참된 진실은 '이렇게' 있다. 요즘, 이 진실에 이르는 길이 종교를 넘어, 영성을 넘어, 그 모든 전통적인 것들 너머에서 누구나 쉽고 단순하게 직접적으로 확인할 수 있도록 해 주는 가르침들이 늘어나고 있으며, 얀 또한 그들 중 한 명이다.

그런 얀의 책이 새롭게 번역되어 나온다니 여간 반갑지 않을 수 없다. 쉽고 간결하며 단순하게 얀의 핵심을 간파해 번역한 역자에게도 감사한 마음을 보낸다. 얀의 이 함이 없는 가르침은 바로 초기 조사선(祖師禪)의 가르침과 맞닿아 있는데, 이것이야말로 진정한 명상이다. 온갖 명상의 방법론이 득세하고 방편의 명상만이 행해지는 이때에, 본질을 곧장 뚫고 가리켜 보이는 이 책이야말로 한국 불교뿐 아니라 명상 및 영성계에 큰 자극이 될 수 있기를 바란다.

목탁소리 **법상** 합장

붉은 장미가 뜨거운 태양에 조금씩 녹아내릴 것만 같은 5월의 마지막 날, 가벼운 졸음에 겨운 오후 시간에 '띠링' 하고 한 통의 메일 알람이 떴다. 20여 년 전에 출간되었다가 홀연히 사라진 얀 케르쇼트의 『있는 그대로 받아들여라』를 새로운 출판사에서 새로운 역자에 의해 『THIS IS IT 디스 이즈 잇』이란 제목으로 재출간하는데, 추천사를 써 줄 수 있겠느냐는 편집자의 메일이었다.

이러한 계통의 책과 번역서를 몇 권 낸 적이 있지만, 몇 년 전부터 극심한 글 변비를 앓고 있던 나로서는 억지로 글을 뽑아내다가 피를 볼 수도 있을 것이란 본능적인 두려움에도 만사를 제쳐 두고(자기가 남의 책을 추천할 주제나 깜냥이 되는지는 전혀 따져 보지도 않고) 흔쾌히 그러겠노라 답신을 보냈다. 그것은 이 책과 나 사이의 개인적인 인연 때문이다.

이 길에 들어선 사람이라면 누구나 엇비슷한 경험이 있을 테지만, 나 역시 스물을 한 달 앞둔 1980년대 말 어느 겨울에 우연히 읽은 라즈니쉬의 책 한 권으로 기나긴 구도 여정이 시작되었다. 라즈니쉬의 여러 강연집에서 크리슈나무르티로, 라마나 마하리쉬의 책에서 니사르가다타 마하라지로, 경허에서 만공, 성철과 향곡, 단(丹)에서 차크라, 쿤달리니와 내면의 빛과 소리 등등 지평선 너머로 한없이 이어진 구도의 길이었다.

직장도 가족도 버리고, 육체의 욕망과 정신의 산만함을 꺾어 버려야만 비슷한 길을 가는 구도자들의 풍문과 무수한 책들이 전하는 '깨달음'과 '초월', 저 위대하고 고매한 '궁극의 경지'에 들어설 수 있을 것 같았다. 구도의 여정이 길어질수록 목은 타고 마음은 점점 더 조급해졌다. 서른을 넘기고 두서너 해가 더 지났을 때 이제까지 가던 길과는 전혀 다른 방향을 가리키는 선생님을 만났다.

내가 찾는 진리는 이미 바로 지금 바로 여기에 바로 '이렇게' 완전하게 주어져 있다는 것, 그것은 결코 한 개인에 의해 성취되거나 도달되는 또 다른 경지가 아니라는 것, 어떤 수행이나 노력을 통해서가 아니라 선지식(善知識)의 말끝에 문득 깨닫는 것이라는 가르침이었다. 뒤통수를 망치로 후려치는 것 같은 그분의 말을 듣고 또 들으면서, 이해가 아니라 직접적인 체험을 통해서만 알 수 있다는 '이것'을 알고자 어떻게 할 수 없는 답답한 상황 속에서 몸부림쳤다.

지성(至誠)이면 감천(感天)이라던가? 아니면 운명의 장난이었나? 두 해가 지나지 않아 그렇게도 기다리고 기다리던 체험이, 눈앞이 모두 '이것'이고, 두두물물(頭頭物物)이 하나의 생명, 하나의 의식으로 충만해서 모든 것이 명징함 속에서 찬란하게 빛나는, 그동안의 모든 마음의 짐들을 홀가분하게 벗어 던지고 성성하게 깨어 있는 상태가 눈앞에 현전하였다. 그 순간 내면에서 '그래, 바로 이거야! 드디어 깨달았어! 드디어 체험했어!'라는 환호성이 들렸다.

그러나 그 황홀한 순간이 또 다른 재앙으로 바뀌는 데는 1년도 걸리지 않았다. 어느 날 아침마다 챙기던 그 '체험'이 사라져 버렸다. 온다 간다 소식 한 장 *남기지 않고 매정하게 떠나 버린 젊은 날의 첫사랑*처럼 '깨달음의 체험'이 떠나 버렸다. 나는 혼란에 빠졌다. 어떻게된 거지? 뭐가 잘못된 거지? 내가 착각에 빠진 것이었나? 그것은 깨달음의 체험이 아니었나? 내가 깨달음을 잃어버린 것인가?

그때는 미처 몰랐지만, 나는 다시 예전의 그 길로 돌아오게 된 것이었다. 구도의 길. 찾고, 구하고, 얻으려 하고, 도달하려 하고, 소유하려 하고, 체험하려 하는 그 길. 나와 그것 사이의 아득한 거리감, 분리감을, 그리고 그것으로 인해 경험되는 황망함, 안타까움, 그리움, 불만족스러움, 뭔가 부족하다는 너무나 친숙하고 그래서 더욱 견디기 힘든 고통 속에 다시 빠져들었다. 아아아, 삼사라(saṃsāra), 윤회의 수레바퀴 아래 나는 다시 깔려 죽을 것만 같았다.

그러던 중 우연히 정신과학 잡지에서 토니 파슨스(Tony Parsons)라는 영국인의 기사를 읽게 되었다. 진리를 찾는 구도 행위와 깨달음을 주제로 한 짧은 글에서 그는 '깨달음은 어떠한 구도 행위를 통해서 얻어지지 않는다. 또한 깨달은 사람이란 모순된 언어다. 왜냐하면 깨달음이란 분리된 개인이란 없다는 사실을 깨닫는 것이기 때문에, 모든 것이 하나의 전체성일 뿐이라면 누가 있어서 깨달음을 얻을 것인가?'라는 선(禪)과 아드바이타(Advaita)의 가장 핵심에 해당하는 말을 하고 있었다.

나는 깜짝 놀라 글 맨 뒤에 소개된 저자의 정보를 살펴보았다. 1933년 영국 태생으로 스무 살 무렵 공원을 산책하다가 이와 같은 관점을 얻게 되었다고 했다. 보통 서구의 명상 지도자(Meditation Teacher)나 정신적 스승(Guru, Master)들의 약력은 젊은 날 정신적인 방황 끝에 인도로 날아가서 오쇼 라즈니쉬나 라마나 마하리쉬, 니사르가다타 마하라지 같은 위대한 스승들 밑에서 공부하다가 진리를 깨닫고 돌아와 가르침을 펼치게 되었다는 식이다.

그런데 토니 파슨스는 전혀 다른 독자적인 전통의 시작처럼 느껴졌다. 아니나 다를까 구글(Google)을 검색해 보니 이미 40여 년 동안 자신의 관점을 대중적 모임이나 출판을 통해 널리 펼치고 있었다 (물론 그 자신은 그러한 가르침도 없고, 그러한 가르침을 들을 사람도, 무엇보다도 그런 가르침을 말하는 자신도 따로 분리되어 존재하지 않으며, 다만 있음 (Being), 의식(Consciousness), 생생한 삶(Aliveness, Life) — 그 이름을 뭐라고 하던 간에 — 만이 존재할 뿐이고, 드러난 모든 현상이 모두 '그것'이라고 말한다).

우리나라에 그의 책들이 번역되지 않았을까 검색하던 중 토니와의 대화를 통해 일평생 찾아 헤매던 구도의 의문을 해소하고 대중에게 가르침을 전하는(말하자면 제자에 해당하는) 얀 케르쇼트의 책을 발견하게 되었다. "하늘은 스스로 돕는 자를 돕는다"고 하였던가?

책의 앞부분에 해당하는 1, 2부에서는 구도와 깨달음에 대한 잘못된 오해와 관념에 대한 자신의 입장을 에세이 식으로 서술하고, 전체 분량의 절반 이상을 차지하는 3부는 토니 파슨스를 포함하여 서구의 영적 스승들이라 불리는 사람들의 영적 체험과 깨달음에 대한 오해, 구도자들이 영적 여정에서 빈번히 겪게 되는 혼란, 그리고 겉으로 보기에 모순되는 이러한 전일(全一)적인 관점에 대한 격의 없는 대화로 구성되어 있다.

저자는 시종일관 어느 개인이 존재해서 노력과 정진을 통해 마침내 깨달음이란 영적 체험과 해탈이 주어진다는 상식적인 믿음(저자는 이러한 믿음을 '영적 유물론'이라고 부른다)을 깨부순다. 따로 떨어져 존재하는 것처럼 보이는 '나'와 '너', '세상'은 모두 둘로 나눌 수 없는 전일성의 표현일 뿐, 오직 '하나'만이 존재한다면 '나'와 '너', '나'와 '세상'의 차별도 없고, '깨달음'과 '깨닫지 못함'의 차별도 없기에 그저 있는 그대로, 어디로 가거나 무엇을 구할 필요 없이 모든 것이 완벽하고 아무런 문제가 없다고 한다.

그리고 마찬가지로 토니 파슨스의 강연을 듣다가 자신의 문제를 해결한 '네이선 길'과의 대담에서 수많은 영적 체험을 한 구도자들이 겪는 문제를 해결할 중요한 단서를 발견했다(이 책 217~220쪽).

문제의 핵심은 어떤 특별한 체험을 했느냐, 그 체험이 얼마나 지속되느냐가 아니었다. 그것은 여전히 하나의 개체로서의 '나'가 경험과 인식의 <주체>이고 그것을 제외한 나머지는 모두 경험과 인식의 <객체(대상)>라는 이분법적인 관점에서 벗어나지 못한 데서 비롯된 문제였다. 진정한 '관점의 변화'가 일어나지 않은 것이다.

어떤 체험을 했느냐보다 중요한 것은 과연 '누가' 그것을 체험하는가이다. 우리가 쉽게 <주체>라고 여기는 '나' 자신을 살펴보라. 자기 자신이 경험되고 인식되지 않는가? 내 주위에서 경험되고 인식되는 다른 모든 <객체(대상)>들과 마찬가지로 경험되고 인식되지 않는가? <주체>인 '나'와 다른 모든 <객체(대상)>들을 경험하고 인식하는 '그것'은 무엇인가? 쯧쯧, 다시 주객 이분법으로 돌아가지 말지어다. '그것'이란 것이 경험되고 인식된다면 '그것'은 또 다른 <객체(대상)>일 뿐이다.

그렇다고 경험하고 인식하는 '그것'이 없는가? 분명 '나' 자신을 포함하여 다른 모든 <객체(대상)>들에 대한 경험과 인식이 지금 여기 이렇게 있다. '그것'은 우리가 찾기 힘든 곳에 숨어 있는 것일까? 믿기 어렵겠지만 완전하게 드러나 있어서 오히려 찾지 못하는 것이 아닐까? 찾으려는 <주체>와 그 찾음의 대상인 <객체>가 온통 '그것' 하나여서 찾을 수도 없고, 찾을 필요도 없는 것이 아닐까? 선사(禪師)들이 말한 '소를 타고 소를 찾는다.'는 어리석음을 우리가 되풀이하고 있는 것은 아닐까?

구도자들이 그렇게 찾고 구하는 그 도(道)란 것이 혹시 지금 그것을 찾고 있는 '이것'이 아닐까? 지금 '이것'이란 글자를 비추어 보고 있는 '그것' 말이다. 이렇게 보고 듣고 느끼고 아는 '이것' 말이다. '이것'에 의해 '나'가 비추어지고, '이것'에 의해 모든 <객체(대상)>들이 비추어지고 있지 않은가? 구도자들은 '이것'으로 다시 '이것'을 찾고 있는 것이 아니었을까? '이것'이 '이것' 자체를 비추면 거기엔 아무런 대상이 없다. 오직 자기 자신만 홀로 있다. 둘이 없는 하나, 온전한 하나임, 여기에 어떤 체험이 오갈 수 있겠는가?

순수한 의식 그 자체인 '이것' 속에서 의식의 내용물, 경험과 인식의 대상만이 나타났다 사라지고, 왔다 가지만, 그 내용물, 대상마저 본질에 있어서는 '이것', 순수한 의식 그 자체가 아닌가? 마치 어젯밤 꿈속에서 다양한 대상들을 경험하고 인식했지만 사실 그 모든 것이 다 꿈, 의식의 장난이었듯이. 이 사실이 명징해졌을 때 나는 그만 어이가 없어졌다. 기가 막혀 웃음도 나오지 않았다. '이것'이라면, '이것'은 한 번도 잃어버린 적이 없지 않은가? '이것'을 한 번도 얻은 적이 없기에.

자, 글 변비라더니 무슨 지저분한 것들을 이리 주절주절하는지. 이제 그만하자. 나와 같은 구도자들에게 구명 튜브와도 같았던 이 책의 재출간을 진심으로 축하드린다. 역자의 꼼꼼한 주석과 해설이 곳곳에 더해져 이전 판본보다 독자들에게 많은 도움이 될 것 같다. 무엇보다 역자 또한 나와 같은 구도자 출신인 듯하여 반갑고 기쁘다. 그리고 이 책을 인연으로 역시 우리와 같은 구도자들이 구도의 끝, 한 번도 발걸음을 옮긴 적 없는 바로 지금 여기로 돌아오기를 바란다. 이미 도달해 있는 지금, 여기로!

몽지 **심성일**

심성일 : 몽지 선공부모임 지도자. 지은 책으로는 『바로 지금, 바로 여기, 바로 이것』 『이것이 그것이다』 옮긴 책으로는 『아디야샨티의 참된 명상』 『경이로운 부재』 등이 있다.

하나 어디로 가는가
Where are you going?

둘 그대로 두라
Let it be

이 책은 구도자들에게 보내는 초대장이다.

저자는

깨달을 사람도, 깨달을 필요노 없는 모임에 나와

쉽고 명확하게 말한다.

"믿음과 노력을 그만두고,

전체가 드러난 그것을 지각하라!"

얀은 많은 선지식들과 인터뷰한다.

그는 직관적 깨달음에 대해서 타협이 없다.

토니 파슨스

토니 파슨스는 현존하는 네오 아드바이타(Neo Advaita) 철학의 대가이다.
그는 아드바이타 베단타와 샹카라, 붓다와 노자의 영향을 받았으며 서구인들에게는
서양의 달마, 육조 혜능으로 알려져 있다. ― 옮긴이

이 책에는
힐링이나 수행 방법이 없다.
깨달음을 얻는 방법도 없다.
그것은 개인적 성취와 관련 없다.
그러므로 어떠한 가르침도 기대하지 마라.
목표를 갖게 되면 미래를 위한 구도자가 된다.
구도자는 다음과 같은 믿음으로 시작한다.
애쓰고 노력하면 나는 언젠가 그것을 얻을 수 있어!

하지만 얀은 말한다.
그 믿음을 중단하라!
영적 사건을 기대하지 마라. 자신이라는 믿음은 관념이다.
당신이 유령과 같은 관념이라면 무엇을 할 수 있는가?
유령이 보다 높은 경지에 오를 수 있는가?
유령이 더 좋은 유령이 될 필요가 있는가?
당신이라는 유령은 어디로 가는 중인가?
유령이 해탈할 수 있는가?

얀 케르쇼트, 2004년 봄

깨달음과 영성 관련 책은 대부분 개인적 성취를 다룬다.

너에겐 목표가 있다. 스승은 도달했지만 너는 아직 멀었다.

이런 식으로 스승과 당신을 분리한다. 그 다음은,

너는 분명한 문제가 있어. 그 문제를 없애야 해!

하며 수행 과제를 준다.

이렇게 말하는 스승은 매력적이다.

찾는 자에게 희망을 주기 때문이다.

언뜻 본 그것을 계속 경험하고 싶은 당신.

이제 당신은 스승을 흉내 내며 그와 같은 존재가 되려 한다.

때로 당신은 좌절한다.

나는 틀렸어.

나는 스승처럼 완벽해질 수 없어.

나는 영원히 깨달음을 얻지 못할 거야.

나, 나, 나…….

기대하는 나, 좌절하는 나, 모두 분리된 개인이다.

그런데 만일 자신으로 생각하는 '나'가 마음속 관념이라면?

스스로 질문해 보라.

'나는 한 명의 분리된 개인인가?'

기능적 관점에서 자신은 몸과 마음이다.

그러나 깨달음 관점에서 자신은 유령이며 관념이다.

이 말을 선뜻 믿기 어려울 것이다. 하지만,

이 가능성을 열고 어떤 세상이 펼쳐지는지 보라.

깨달음이란 영적 영웅담이 아니다.

신의 선택도 아니고 수행 끝에 얻은 트로피도 아니다.

선하고 평화롭고 영원한 구원도 아니다.

그것은 완전하지 않다.

왕좌에 올라가 대중을 내려다보는 것이 아니다.

얀은 독자들을 더 높은 곳으로 이끌지 않는다.

얀 역시 스크린에 투사되는 영상일 뿐.

얀은 깨달음과 아무 관련이 없지만, 또 이렇게 말하고 있다.

"나는 지금 일어나는 모든 것이다. 어떤 것도 제외되지 않는다.

모든 것이 나다. 경계란 없다(No Boundary!)."

이 책이 얀의 이야기로 보이는가?

이야기를 주목하지 마라.

이야기란 개인, 시간, 사건에 중점을 두기 마련인데,

이 책은 개인과 시간 그리고 사건을 넘어선 '그것'을 가리킨다.

단어에 집중하면 그것을 보지 못하게 된다.

말의 속성은 이원성이므로 비이원성을 표현하지 못한다.

하지만 얀은 책을 쓰기 위해 말을 사용했다. 모순이다.

말에 집중한다면, 이 책은 실패할 수밖에 없다.

비이원성은 '그것'을 설명할 수는 없지만 가리킬 수는 있다.

나, 당신이라는 단어는 관념으로만 존재한다.

얀이 지금 당신에게 말하고 있지만 당신이란 없다.

자신이라고 생각하는 당신은 마음속 관념이다.

겉보기에 당신이 견고하게 보이는 이유는 유령들의 정교한
게임이므로.

Apparently는 '명확한'과 '겉보기에'라는 두 가지 뜻으로 혼용되는 비분리 어법이다.
—옮긴이

나와 당신이 없다면 할 일이 없다.

유령이 유령에게 무엇을 할 수 있는가?

그래서 나는 당신에게 희망을 줄 수 없다.

당신이 절망적이어서가 아니라 당신이 없기 때문이다.

이 책에서 숨은 전략이나 비법을 기대하지 마라.

혹시나 해서 말한다. 이 책을 읽으면서 특정 방식이나

특정 서적, 특정 스승, 또는 지금 버려야 할 것을 얀이 당신에게

권한다는 느낌을 받을 때는 주저 없이 무시하라.

이곳을 떠나 당신이 갈 곳은 없다.

이미 있는 곳으로 어떻게 갈 수 있는가?

이미 가지고 있는 본성을 어떻게 다시 얻을 수 있는가?

이 책에서 말하는 깨달음은 영적 물질주의를 던져 버리는 것이다.

영적 물질주의는 표층 종교에서 나타나며, 개인적 욕망과 관계있다. 1970년대 티베트 불교의 초감 트룽파(Chögyam Trungpa)가 비판적으로 언급했다. ― 옮긴이

영적 성취동기를 당장 걷어차라.

존재하지 않는 당신이 무엇을 얻는단 말인가?

하나의 관념을 더 거룩한 관념으로 바꿀 필요가 있는가?

'있는 그대로', '무위', '자아실현', '받아들임'은 요즘 인기 있는 말이다.

하지만 모두 분리된 개인을 대상으로 하는 유행어다.

당신이 존재하지 않는다면 그런 말이 무슨 의미 있는가?

개인이 마음속 관념이라면 영적 상승이 무슨 소용인가?

더 높은 곳에 사는 유령이 되어 어쩌겠다는 말인가?

더욱 거룩하고 위대한 유령이 되고 싶은가?

유령이 도대체 무엇을 깨달을 수 있는가?

이 책으로 독자들이 얻을 바는 없다.

다만 영적 욕망을 없애 줄 수는 있다.

이 책은 '애초부터 당신은 존재하지 않는다.'는 사실만 밝힐 뿐이다.

There is no path to Being,
Being is the path.
When Being sees Itself,
There is only clear presence.

No matter what you hope 'It' is,
No matter what you imagine 'It' is,
'It' is different from that.

있음으로 가는 길은 없으며,
있음이 곧 그 길이다.
있음이 자신을 볼 때,
존재가 명확히 드러난다.

당신이 무엇을 바라든지 '이것'이다.
당신이 무엇을 상상해도 '이것'이다.
이것은 멀리 있는 그것이 아니다.

If you are looking for Liberation,
There is some bad news and some good news.
The bad news is that the person you think you are
will never find Liberation.
The good news is that what You really are
is already awakened.

당신이 깨달음을 구한다면,
나쁜 뉴스, 좋은 뉴스가 있다.
나쁜 뉴스는, 당신은 깨달을 수 없다.
좋은 뉴스는, 당신은 이미 깨어났다.

하나

어디로 가는가

Where are you going?

'있음'

Beingness

당신은 지금 무엇인가 '의식'하고 있다.

얀 케르쇼트와 토니 파슨스는 『있는 그대로*As It Is*』에서 '의식'에 대하여 언어적으로 동의한다. "의식은 경험 대상뿐 아니라 경험 주체도 포함한다. 의식은 대상과 주체가 하나이다." ── 옮긴이

지금 몸의 특정 부분이 느껴질 수도 있다. 이러한 감각은 당신 존재를 확인시켜 준다. 따라서 '나는 없다'고 말할 수 없다.
그냥 여기에 있는 것, 언제 어디서나 자신이 존재하는 감각이 있다.
즉 '있음'은 모두에게 있다.

'있음(Is-ness)'을 자세히 조사해 보면, 불편함을 느낄 수도 있다.
마음은 '있음'을 잡을 수 없기 때문이다.
자신이라 생각하는 당신은 '있음'에 대한 소유권을 주장하고 싶다.
그러나 '있음'은 개인 소유가 아니며 특별한 의식 상태도 아니다.

'있음'은 잡는 순간 도망쳐 버린다.

그것은 물로 가득 찬 욕조 안 비누와 같다.

잡을 순 없지만 분명히 있다. 애써 잡을수록 빠져나간다.

'있음'은 분명히 존재한다.

그것은 여기 있지만, 당신은 실행할 방법이 없다.

방법이 없는 이유는 당신이 이미 제대로 실행 중이기 때문이다.

존재 감각은 영원히 떠나가지 않는다.

'존재(Is-ness)'는 항상 당신 생각과 감정을 지켜보고 있다.

'존재'는 바로 여기 있다.

'있음(Being)'은 가장 가까이 있지만 잡을 수 없다.

당신 자체가 '있음'이기 때문이다.

'당신(있음)'이 '당신(있음)'을 잡을 수 없음이 가장 큰 모순이다.

그것이 분명 존재하며 내가 그것을 사용 중인데 마음으로 알 수 없다니.

'있음'은 개인 소유가 아니고 경계선도 없다.

'있음'은 언제 끝나는가? 그것은 끝을 모른다.

'있음'은 시간도 경계도 없기에 분리될 수 없다.

'있음'은 모든 것을 포함한다.

'있음'을 편의상 '전일성(全一性)'으로 부른다.

오직 '하나'만 존재하므로 쪼갤 수 없기 때문이다.
전일성(Unicity)을 대문자 U로 시작한 이유는
무한한 본성(Limitless Nature)을 강조하기 때문이다.
전일성은 볼 수 있거나 볼 수 없는 모든 것이다.
전일성은 말로 표현할 수 없지만, 다음과 같이 불러도 좋다.
이것(This), 그것(It), 의식(Consciousness), 자각(Awareness),
있음(Being), 존재(Is-ness), 모름(Unknown), 근원(Source), 빛(Light)
또는 현존(Presence), 깨달음(Enlightenment), 해탈(Liberation).

전일성을 힌두에서는 아드바이타 또는 '보는 자(Witness)'라 하며,
선에서는 진면목, 기독교에서는 '아버지', 불교에서는 '불성'이라고 한다.
'시바', '브라만', '하나님', '성령', '붓다'도 이것을 가리키는
이름이다.
이 책에서는 편의상 이 모든 것을 주로 '의식(Consciousness)', 또는
'있음(Being)'으로 표현한다. 중립적으로 들리기 때문이다.
또 다른 표현으로는 단일, 삶, 침묵, 없음(Nothing), '그것(이것)'이다.
어떤 단어를 대입하든 문제 되지 않는다.
다만 종교 용어는 혼란스러울 수 있다. 마음은 '이것'을 종교의
틀에 집어넣기 때문인데, 종교적 선입견으로 '이것'을 자신이 알고
있다고 속단할 위험이 있다.

당신의 뇌와 감각은 '이것'을 볼 능력이 없다.
'의식'이 '의식'을 보는 중이다.

빛이 빛을 보는 중이다.

삶이 삶을 비추고 있다.

'있음(Is-ness)'이 '있음(Being)'을 보는 중이다.

'있음'은 모든 곳에 있다. '있음'의 바깥은 존재하지 않는다.

당신이 '있음(Are)'임을 알았을 때 어떤 경치가 펼쳐질까?

당신 자체가 경계 없는 무한한 우주라는 사실을 알게 되며,

더 이상 '있음'을 찾거나 느끼려는 노력을 그만두게 된다.

당신은 모든 곳에 있고 당신이 '이것'인데, 당신은 당신을 찾기 위해

어디로 가는가?

'이것'을 본 후에는 지금의 나와 달라야 한다는 의무감이 사라진다.

죄책감, 후회, 희망이나 의존성, 성취동기가 없어진다.

주관과 객관이 없어진다.

나와 대상의 구분이 없어진다. 구도자 게임의 종말이다.

당신은 조건화와 맹신을 버림으로써 자연스레 삶의 흐름을 탄다.

그동안 벌여 왔던 개인적 행위의 의미가 해체된다.

그래도 될 일은 된다.

이것은 바다로 흘러가는 골짜기 물과 같다.

바위가 막으면 돌아서 간다.

계속 갈 필요도 없지만 모두 제 갈 길을 간다.

어디로 가든지 문제 될 것 없다.*

이미 있는 '있음'을 얻기 위한 수행이나 종교는 필요 없다.

세상에 대한 무관심, 포기가 아니다.

버릴 때 '그것'이 가능하다.

'이것'은 모두를 허용한다.

모든 사람이 있는 그대로(As It Is) 인정된다.

'이것'은 무한한 자유지만, '그것'을 누리는 개인이 없다.

그러므로 영적 기대감을 갖거나 종교에 매달릴 필요가 없다.

'하나임(Oneness)'을 보게 되면, 수행자 게임은 시시해진다.

모든 일, 모든 사람이 아무 문제없다는 사실을 알게 된다.

그들은 저절로 자신의 길을 가는 중이며, 정확한 길을 선택했다.

하나를 찾는 일은 퍼즐 맞추기가 아닌 해체 게임이다.

게임 전 당신이 알아야 할 사실이 있다.

'그것'을 찾는다며 소동 피우는 당신은 유령이다.

생각 없이 모든 일을 지켜보면 부드럽게 이루어진다.

개인적인 동기는 더 이상 중요하지 않다.

당신 본성이 '있음'임을 알면 흐르는 물처럼 살게 된다.

'있음'은 인식 대상이 아니다. 개인적 성취도 아니다.

'있음'이 '있음'을 인식한다.

＊ 구도자가 한낱 유령일 뿐인데 무엇이 문제가 되는가?

자신이라고 생각하는 나는 '있음'을 인식할 능력이 없다.

나는 단지 '있음'이다. 이것은 단순하다.

'이것'을 알기 위해 고요한 명상이 필요할까?

당신은 고요함이며, 마음의 온갖 소음까지 포함한다.

공간이 모든 물체를 너그럽게 허락하는 것처럼.

'있음'을 향한
창문

Window to beingness

'있음'이 표현되는 방식은 다양하다.

사람에 따라 깨어나는 과정도 다양하다.

수행자는 이것을 개인적 경험으로 자부한다. 초월적 경험을 믿으면 하나의 스토리를 만들게 되는데, 그때 마음은 더욱 쉽게 흥분한다.

하지만 해탈이란 또 다른 백일몽일 뿐, 해탈할 개인이 어디 있단 말인가?

초월적 경험은 '있음'을 향한 창문이 될 수는 있다.

마치 책 속의 빈 페이지나 영화에서 가끔 보이는 백색 스크린처럼.

그런데 스크린에 영상이 다시 나타나면, 마음은 "이게 무슨 일이지?" 하며 당황한다. 이처럼 자아는 항상 자신에게 일어나는 일에 대한 이유를 알려고 한다. 하지만 '있음'은 묘사될 수도 경험될 수도 없다.

구도자는 깨달음을 개인적 성취로 내세운다. 마음은 백색 스크린을 소유하길 바란다. 자신이 빛의 반영이길 원한다. 이런 식으로 영적 탐구심을 자신에게 고착시킨다.

자신 본성을 찾고 평화를 얻었다는 스승이 있다.
깨달음 과정을 소개한 책들도 꾸준히 팔린다.
책에 나오는 스승들은 개인 성취를 내세운다.
깨달음은 개인과 무관하다고 말하는 스승은 드물다.

자신 본성을 깨닫는 길은 여러 갈래이다.
어떤 길인지는 중요하지 않으며 정해진 길은 없다.
수십 년을 고통 속에 있던 자가 빛을 한 번 보면 크게 감격한다.
수행자는 그런 경험을 깨달음으로 여긴다.
오랫동안 동굴에 갇혀 있던 사람 앞에 성냥불을 켰을 때를 상상해 보라. 문제는 그다음부터 시작된다. 성냥불이 늘 켜져 있으면 구도자는 지루해진다. 그는 깨달음을 놓쳤다고 실망하면서 죽을 때까지 깨달음을 좇을 것이다. 그리 큰 잘못은 아니다. 그러한 어리석음도 '있음'의 드러남이다. 하지만 그는 영원히 당근만 바라보며 달리는 경주마로 살게 된다.*

---

* 경주하는 사람이나, 경주를 끝낸 사람도 유령이다. 아무도 문제가 없다.
  깨달음은 개인이라는 유령과 관계가 없으니까.

평생 동안 성배(聖杯)를 찾아 헤매는 사람도 있다. 극한의 추구 끝에 환희를 경험할 수도 있다. 그때 그는 엄청난 깨달음이 왔다고 믿으며 영적 도취감에 빠진다.

이런 경험은 지극히 위험하다. 그 경험을 기준 삼아 자신과 타인을 잘못 인도할 수 있다. 때로는 자신의 무경험 때문에 좌절할 수도 있다. 깨달음을 개인적 보상으로 여겼기 때문이다. 환희가 지속되면 자신이 성자라는 믿음을 갖게 된다. 그 결과 '개인 깨달음은 없다.'는 진실을 영원히 모르게 된다.

그러므로 초월적 경험은 구도자를 '있음'에서 멀어지게 만든다.
자신이 구도자 또는 초월자라는 믿음은 '하나(Oneness)를 인식'하는 데 있어 가장 큰 장애물이다.

어느 순간 이러한 믿음을 걷어차 버릴 때,
자신이 변화할 필요 없는 '있는 그대로'를 보게 된다.
그때 당신은 분리된 개인이 없다는 사실을 알게 된다.

마음은 이 사실을 '공(空)'이니, '완전'이니 하며 과장한다.
'이것'은 무한이 무한을 보는 것이다.
명상 중에, 섹스 중에 이것을 느낄 수 있다.
그러나 곧바로 공허함이 오는데, 그 공허를 바라보는 나(Me)는 어디에도 없다.
스승을 모시며 완전한 경험을 했다는 사람들도 있다. 이 경우 깨달을 사람이 '나(I)'라고 생각한다면 얻을 것은 완전한 실망뿐이다.

이 책에서 나를 'I'로 표현할 때는 주체로서의, 'Me'로 표현할 때는 대상으로서의 나를 가리킨다. ─ 옮긴이

세상에는 찾을 것도 없고, 사람도 없으며, 갈 곳도 없다.

왜 그러한가?

추구하는 '개인'은 하나의 관념이며 유령이기 때문이다.

당신이란 개인은 마음의 트릭이다. 마음은 자신이 수행하고, 자신이 깨달을 수 있다고 속삭인다. 곳곳에 숨겨진 깨달음의 덫이다. 이런 식으로 개인적 해탈을 믿는다면 점점 깨닫기 힘들어진다.

이 책에서 말하는 깨달음은 비개인적이다. 그것은 평범한 삶이며 '지금 여기'이다. 초월적 경험, 통찰, 번쩍이는 빛도 구도자에게는 치명적 유혹이다. 그런 경험을 '있음'을 향한 창문으로 믿게 되기 때문이다. 그러한 일별(一瞥, 언뜻 봄)은 큰 감동을 주므로 구도자는 더 큰 경험을 하고 싶어진다.

바로 이 단계에서 마음이 끼어든다. 마음은 초월적 경험을 깨달음의 필수과정으로 바꾼다. 영적으로 높아지고 싶은 까닭에 마음은 본래의 현명함을 잊어버린다.

해탈을 위한 정해진 단계나 규칙은 없다. 지금 있는 곳이 있어야 하는 곳이다. 평화와 축복이 없어도 괜찮다. 쳇바퀴를 돌아도 괜찮

다. 지복(Bliss)을 바란다면 당신과 '있음' 사이, 그리고 당신과 타인이라고 생각하는 존재 사이는 점점 멀어진다. 단계나 규칙은 '있음'을 쪼개는 이분법이다.

깨달은 자가 되는 특별한 단계는 없다. 마음은 자신과 구루(Guru) 사이에 경계선을 그린다. 하지만 '있음'은 하나이므로 경계선이 없다.

'있음'은 차별이 없다. 영적 영웅은 잊으라. 종교적 도그마(독단적인 주장이나 신념)에 빠지지 마라.

당신은 인생의 승자인가 패자인가? 그런 판단은 의미 없다. 신경쇠약이나 우울증도 '있음'을 손상하지 못한다. 평화로운 마음이나 조화로운 인간관계도 '있음'에 더 가깝게 데려다주지 못한다.

영적인 경험은 하나의 모양일 뿐, 빛(깨달음) 자체는 아니다.
모양은 당신 소유가 아니다. 당신에 대한 생각 또한 당신이 아니다.
왜냐하면 당신으로 생각되는 그 사람 역시 모양일 뿐이니까.

당신이 경험한 천상의 기쁨도 당신이 아니고 당신이 겪은 심한 영혼의 고독과 암흑의 밤 그리고 극단적인 괴로움도 당신이 아니다.
당신이 겪는 고통, 기쁨, 행복, 불행 모두 당신이 아니다.*

＊　에고에게 개인적 경험은 매우 중요하다. 분리된 느낌을 확인시켜 주기 때문이다. 베르디 오페라를 보라. 모두 개인적 사건, 개인적 감정, 개인적 경험 아닌가?

초월적 경험은 지나가는 환영일 뿐이다. 지극히 개인적으로 느껴지는 감정 또한 당신이 아니다. 자신이라고 생각되는 인물은 연기 중인 배우이다. 당신은 모든 경험들이 일어나는 광활한 무대이다.

'그것'은 당신이 경험하거나 관찰할 수 있는 대상이 아니다. 그러므로 영적 경험은 '그것'이 아니다. '그것'은 바로 당신이다(It is what you are)!
당신이 출연하는 영화의 이미지를 이루는 빛이 바로 '이것'이다.
그런 이유로 당신은 '하나'를 경험할 수 없다.
당신은 '하나'이므로 하나를 볼 수 없다.
당신은 깨달음을 얻을 수 없다.
아니, 깨달음이란 없다.

오직 '빛'만 존재한다.
버스를 타는 일부터 모든 '의식'에 이르기까지.
모든 경험은 '의식'의 내용이지 '의식' 자체는 아니다.

일상에서 '있음'을 다시 확인하라.
당신에게 영향을 주든 말든 생각과 느낌은 출렁이는 파도와 같다.
당신이 '하나임'을 본다면 영적 추구가 사라지고, 스승 흉내도 없어진다. 추구와 영적 행로 그리고 깨달음, 모두 관념이 벌이는 게임이다.
이 사실을 알면 지금까지 벌여 왔던 구도 행각이 우스꽝스럽다.

모든 영적 기대와 좌절, 종교 집착도 게임의 일부였다.

'있음'을 알아차린 후,
이전 모든 사고가 새로운 관점으로 바뀐다.
누군가 당신에게 수많은 관념을 심어 주었음을 알게 된다.

당신은 관념과 믿음에 중독되어 수많은 노력을 기울여 왔다.
높은 곳에 도달한다는 믿음에 도취되어 거룩하고, 평화롭고, 현명
하기 위해 노력했고, 나쁜 습관과 업보에서 벗어나려고 발버둥쳐
왔다.

어느 날 당신은 눈치챘다.
모든 노력이 나를 더 높이는 자기중심적인 에고 게임이라는 사실을.
자신이라 생각하는 나는 한낱 유령이고, 영화 속 '역할'이었다.*
영화 속 역할이 사라지면 당신이 갈 곳은 어디인가?
사람들은 몸 안에 자신이 살고 있다 생각한다.
이 상식은 사람들이 매일 꾸고 있는 백일몽이다.
꿈에서 개별적 존재가 있다고 생각하는가?
꿈은 통째로 나의 의식 아닌가?

---

*   나는 영화 속 배우이며 인생이라는 이야기를 끊임없이 지어내고 있다.
     그 속에는 과거와 미래를 설명하는 내레이션도 들릴 것이다.

당신이란 존재가 마음의 구조임을 알게 되면, 영적 탐구는 저절로 종료된다. 일상 습관은 남지만 종교적 도그마는 힘을 잃게 된다.

당신은 지금까지 구도자라는 명분으로 영성을 추구해 왔다.
의무적인 헌신과 사랑, 기도와 원칙 모두 영적 물질주의다.
당신이 지금까지 갖고 놀던 구도 행각은 아이들 장난감이었다.
그렇나고 종교인에게 시비 길 필요 없다.
그 또한 있는 그대로에 반하는 행동이다.
구도를 포기하면 마법에서 깨어난 듯 허전할 것이다.
하지만 당신이 잃은 건 마음이 만들어낸 관념뿐이다.
모든 영적 권위와 전통에서 벗어나면 당신은 있는 그대로가 된다.
미래의 계획도, 삶의 공식도, 질문도, 해답도 없는 지금 그대로 존재함(Being)……

비분법
스승들

Teachers of non-dualism

지금 특별한 스승에게 끌리는가?

그렇다면 당신의 영적 욕망이 그에게 투사된 상태이다.

스승 곁에서 초월적 경험을 한다면, 당신은 그로부터 벗어날 수 없고, 그 경험으로부터도 벗어나지 못한다.

반대로 스승이 초월적 경험을 주지 못하면 더 특별한 스승을 찾아 나서게 된다.

찾는 이상, 그것을 약속하는 스승은 나타나게 되어 있다.

구도자들은 끝없는 노력 끝에 뒤늦게 세 가지를 깨닫는다.

첫째, 자신이 짜릿한 경험을 했어도 '이것'은 아니다.

둘째, 경험은 '이것'과 가깝지만 '이것'으로 데려갈 수 없다.

셋째, 궁극적인 깨달음은 찾지 못했고, 영원히 찾지 못한다.

지적인 스승은 당신의 신념을 줄여 줄 수 있다. 그러나 그뿐이다.
운이 좋다면 아무것도 가르칠 것이 없다는 스승을 만날 수 있다.
그런 스승은 특정한 길이나 규칙을 정하지 않는다.
"구도하지 마라. 아무것도 추구하지 마라!"
그러나 그렇게 말하는 스승은 거의 없다.
3장, 토니와의 인터뷰를 보라.

"당신은 희망이 없다."는 스승의 말에 구도자는 실망한다.
그런 스승은 "당신의 영적 경험도 의미가 없으며 깨달음보다 일상
생활이 중요하다."고 말한다.
그런 스승은 자신의 본성을 유지하라고 강요하지 않는다.
영적 추구는 언제나 경험하고 있는 '있음'으로 데려갈 수 없다고
말한다.
그런 스승은 '있음'만을 남겨 둔다. 그러면 당신은 스승과 비교하
지 않게 된다. 하지만 그렇게 말하는 스승은 거의 없다.

당신의 느낌과 행동은 '있음'과 관계없다.
'있음'은 개인적 노력으로 얻는 트로피가 아니다.
스크린 속 배우는 자신을 비추는 영사기로 들어갈 수 없다.
어떤 스승도 당신을 빛으로 데려다주지 못한다.
당신이 '빛'이기 때문이다. '있음'이란 당신의 '존재' 자체이다.
'있음(Being)'은 당신의 느낌과 감각에서 벗어나 있다.
모든 믿음과 기대를 포기하라!

그러면 더 나은 삶을 살거나 깨달음을 위한 노력은 사라진다.

당신은 비범함을 추구하면서 살아왔다.
당신은 일상의 평범함이 뿜어내는 빛을 무시했다.
바로 이 자리에 열려 있는 비밀을 간과했다.
곧바로 영적 탐구를 포기하면 지금 그대로 편안해진다.

깨달음은 결승선이 아니다.
당신을 특별한 존재로 만드는 트로피도 아니다.
깨달음은 당신이 아무도 아니면서 모든 사람이 되는 '있음'이다.

일상
의식
Ordinary awareness

모든 것은 '평범한 현재 의식'이다.

지금 이 글을 읽게 하는 '의식'이 바로 '그것'이다.

놀라운 경험을 하는 '의식'도 '그것'이다. 깨달은 자의 '의식'도 이
와 같다. 따로 증명할 필요가 없다. 이 평범한 '의식'은 경계가 없고
단 '하나'이다. 그러므로 당신은 하나의 '의식'이다.

더 따지지 마라.

세상이 하나이고 경계가 없다면 무엇도 '이것'에서 제외되지 않는다.
'있음'은 개인 소유가 아닐뿐더러 깨달은 자에게만 한정되지 않는다.
'그것'은 멀리 떨어져 있는 '저것'이 아니다.

깨달음이란 있는 그대로에 스며든 상태이며, 이야기와 믿음에서
벗어난 상태이다. 흔히 말하는 '잠에서 깨어나는 일'도 아니다.

깨달음이란 높은 영적 삶을 포기한 상태이다.

우리 모두는 빛이다.
자신으로 여겨지는 개인은 빛이 보여 주는 하나의 역할이다.
그러니 당신을 바꿀 필요가 있을까?
하나의 빛이 무엇을 신경 쓴단 말인가?
깨달음이나 해탈 역시 얻을 바가 아니다.
나는 그런 것들을 구경조차 해 본 적 없다.

'있음'은 삶에 관한 온갖 것들이 나타났다 사라지는 공간이다.
이 무한한 공간에서는 깨달은 자와 깨닫지 못한 자 구분이 없다.
개별적 인간에 대한 관념을 버리면, 하나의 '존재'가 뚜렷하게 밝아
진다. 초월적 경험을 했다고 믿는 구도자들은 그것이 개인적 경험
이 아니라는 사실을 모르고 있다.

얀이 지금 깨달음에 관해 말하지만,
얀이 '그것'을 밝힌 게 아니라 '그것'이 '그것'을 밝힌 것이다.
내가 없는 상태에서 '그것'이 밝혀졌다니 모순 아닌가?

명확하게 밝혀진 것은 나는 하나의 관념이었다는 사실이다. 내가
자신이라고 믿어온 나는 과거, 현재, 미래에도 하나의 관념일 뿐.*

* 이 관념은 상식이며 일상생활을 위해서는 필요하다. 그런 관념도 삶의 일부로서,
   즉 연극의 한 요소로 나타난다.

'이것'에서 나의 정체성(비정체성)은 허용된다.

나라는 개인이 결정하는 일은 없다.

나는 스크린에 나타나는 영상일 뿐.

빛은 누구든 상관없이 비춘다.

나와 빛은 동시에 '있음'이다.

꿈속에는 단 한 명의 배우가 모든 연기를 맡고 있다.

꿈속에 나타나는 인물들은 제각각이지만 모두 나의 '의식'이다.

꿈에서는 각자가 행위자인 느낌이 들지만 단 하나의 '의식'만 존재
한다.

돌이켜 비춰 보라.

빛나는 '존재'가 여기 있다. 부족할 것 없이.

무제한으로 열린 느낌은 오히려 혼란을 줄 수 있다.

마음은 개방과 평화의 느낌을 깨달음으로 착각하기 때문이다.

깨달음을 찾지 마라. 이미 여기에 있다.

깨달음은 당신이 얻을 수 있는 대상이 아니다.

이 사실을 알면 '있음'을 찾거나 개선시키는 노력이 필요 없다.

당신은 '이것'을 돕거나 방해할 수 없고, '이것'으로 일할 수 없고,
'이것' 없이는 아무 일도 하지 못한다.

스크린 속 배우가 영사기의 빛을 어찌할 수 없지 않은가?

빛은 모든 곳에 있으므로 아무도 눈여겨보지 않는다.

'있음'은 확인도 증명도 할 수 없다.

'있음'은 당신이므로 당신과 거리가 없다.

동시에 '있음'은 모든 곳에 있다.

이것이 열린 비밀이다.

이 원리를 알아냈어도, 연기는 계속된다.

개별적 인생에 대한 견고한 믿음이 사라지면, 그 특정 역할에 대한 집착이 녹아내린다. 필름은 계속 돌아가지만 당신은 배우가 아닌 빛이며, 그 빛은 경계 없이 모든 곳을 비춘다.

아무것도 빛에서 제외되지 않는다.

이 진실을 안 당신은 이제 가야 할 곳도 없고, 인정받을 일도 없으며, 성취할 목표도 없고, 더 높은 곳을 향한 희망도 사라진다.

깨달음이 나의 과업이라는 믿음에서 벗어나게 된다.

영적 탐구가 마음의 게임임을 간파한 당신은 돌아갈 곳이 없다.

당신 앞에 '이것(This)', '현존(Presence)', '있음(Being)'만 있다.

둘

그
대
로
두
라

'Let it be(그대로 두라)'는 '그러면'과 '그러지 않으면'을 전제로 한 조건 명령문이다. 반면에 'As it is(있는 그대로)'는 조건 없이 허용하는 끝맺음 문장이다. 작가는 이 책에서 두 문장을 엄격하게 구분하고 있다. — 옮긴이

열림에서
제한으로

From openness to identification

갓 태어났을 때 아기는 열려 있는 '의식' 자체였다.
분리된 감각은 전혀 없었고 무한성만 펼쳐져 있었다.
자신이 요람에 누워 있다는 생각도 없었고, 성별, 이름, 성격도
몰랐다. 아기는 독립된 '나'라는 생각이 없었다.*

아기는 몸속에 살고 있다는 느낌이 들지 않았다.
과거나 미래가 없고, 옳고 그름도 없었다.
아기는 그저 '있음'이었다.
활짝 열린, 한계 없는 '의식'이었다.**
아기가 자신의 이름을 알기까지는 몇 달이 걸린다.

* 라마쉬 발세카 『마지막 이해*The Final Understanding*』 2002, 79쪽
** 얀 케르쇼트 『온 바 없다*Nobody Home*』 2003, 2장

개인으로 알기까지는 몇 년이 걸린다.

세 살이 되면 자신이 몸에 갇혀 있다는 믿음이 생긴다.

아기에게 원초적인 '하나'가 사라지는 시기이다.

자크 라캉의 정체성 발달: 아기는 9개월이 되면 자신의 이름을 알아듣는다(호명 단계).
18개월 이후에는 나와 타인을 인식한다(거울 단계). — 옮긴이

그때부터 구분 짓기 게임이 시작되면서 무한한 존재가 제한된 존재로 바뀐다. 몸과 몸 밖 세상을 구분한 결과이다.

내 얼굴, 내 손, 내 다리…… 이런 느낌은 결핍감, 기쁨, 고통으로 확장된다.

아이 마음은 언어와 기억을 사용하여 자신의 개별성을 극대화시킨다. 그 결과 내 몸, 내 옷, 내 과자, 내 장난감 따위의 말을 중얼거린다.

이런 과정으로 개방이 폐쇄로, 무한이 제한으로, 무분별이 분별로 바뀐다. 평생 동안 지속될 분별 게임의 시작이다.

우리는 분별 게임을 위한 새로운 관념을 끊임없이 늘려 간다.

나를 몸과 마음을 가진 개인으로 여기면서 모든 생각과 행동의 주체는 내가 된다. 개별적 성격, 과거, 미래, 자유 의지를 가진 개인으로서 말이다.

개별성은 사회 활동을 위해서는 필요하다.

세상은 개별성으로 돌아가며, 그 과정에서 언어는 '몸과 마음이 나'라고 반복해 확인시켜 준다. 개별성에 익숙해진 사람들은 분리된

개인이 오히려 편안하게 느껴진다.

이런 이유로 사람들은 원초적인 개방성을 던져 버리고 구분 짓기를 계속한다.

이 게임은 디스토피아[失樂園]로 가는 지름길이다.

이런 식으로 이성(理性)이 주인이 되면 자신의 본성(本性)은 흐려진다.

그다음은 성취를 향한 일방통행이다.

분별된 마음은 내 몸을 돌보고 사고와 행동을 결정한다.

자유 의지를 믿으며 선악을 판단하고 허용과 금지 목록을 만든다.

자신의 성격을 규정하고, 역할에 최선을 다하라고 자신을 다그친다.

만일 이러한 각본에 오류가 있었다면?

당신이 영화 속 연기자에 불과하다면?

인생에서 성공 실패가 무슨 의미가 있는가!

자신으로 생각하는 당신이 유령에 불과하다면?

세 가지
믿음 체계
Three major belief system

영적 탐구를 유지시키는 믿음은 다음과 같다.

첫째, 개인이라는 믿음. 이것이 나와 남을 구별한다.

둘째, 시간이 존재한다는 믿음. 이것이 과거와 미래를 만든다.

셋째, 선과 악, 높고 낮음이 있다는 믿음. 이것이 세상을 좋은 것과 나쁜 것, 영적인 것과 세속적인 것, 윤회와 열반으로 나눈다.

이 세 가지 믿음은 분리할 수 없는 하나를 반으로 쪼개는 이분법이다. 유령으로 살아갈 때는 필요하지만 비분법(非分法)으로 살 때는 의심할 필요가 있다.

희망과 두려움으로 살아갈 때는 세 가지 믿음이 필요하다. 연기에 필요한 기본 요소들이기 때문이다.

이 세 가지 믿음이 당신에게 진짜로 필요하며 견고한 것일까?

첫째로, 분리된 개인이라는 믿음을 조사해 보자.

이 믿음은 세상을 유지하는 수단처럼 보인다.

개인은 습관으로 굳어졌기 때문에 아무도 의심하지 않는다. 하지만 개인을 확실하게 정의할 사람은 아무도 없다.*

분리된 개인이란 하나의 관념 아닐까?

뇌는 어떻게 나를 개인으로 동일시할까?

과거의 내가 자신일 수 있을까? 개인이 아니라면 혹시 나는 불멸의 존재인가?

나의 본성은 개인을 뛰어넘은 그 이상이 아닐까?

두 번째 믿음을 조사해 보자.

과거가 없다면 개성이 존재할까?과거를 생각하지 않는다면 나는 누구일까? 과거를 기억 못하고 미래 희망이 없다면, 나는 어떤 존재로 살아갈까?

과거와 미래는 관념의 세계를 만드는 필수 수단이다.

업보나 윤회도 이러한 믿음에 관계되어 있다. ― 옮긴이

세 번째 믿음을 조사해 보자.

세상을 높은 곳과 낮은 곳, 영적인 것과 세속적인 것, 열반과 윤회로 나누는 믿음이다.

세상 자체는 그러한 구분을 알지 못한다. 구분은 마음속 관념이다.

＊　얀 케르쇼트 『온 바 없다Nobody Home』 148~149쪽

신성과 속됨의 경계는 어디인가?

붓다는 말했다. "너희가 끊고 싶은 윤회가 너희가 바라는 열반이다. 두 가지는 다르지 않다."

그럼에도 선과 악의 믿음은 사고의 기본 틀로 사람들을 매혹시키고 끌어당긴다.

인간을 선한 자와 악한 자로 나누는 분별은 마음이 가장 좋아하는 게임이다.

선과 악

Good and evil

이 책은 세 가지 믿음 체계를 검토해서 구도자의 관념을 없애는 데
도움이 될 수 있다.*

먼저 세 번째 믿음부터 조사해 보자.
높은 곳과 낮은 곳, 신성과 속됨, 선과 악이 모두 마음속 관념이라
면 우리에게 어떤 일이 벌어질까?

사람들은 옳고 그름이 양 날개처럼 균형을 이룬다는 관점을 위험
하게 본다. 도덕적 해이를 걱정하며 정의롭지 못하다면서 화를 내
는 사람도 있다.

---

* 그렇다고 필자가 말하는 관점을 꼭 믿을 필요는 없다. 이 책을 아무 의심 없이 받아
들인다면, 또 하나의 믿음 체계를 갖는 일이다. 이 책의 목적은 또 다른 믿음 체계를
만드는 것이 아니라 관념의 진실 여부를 알아내는 작업이다. 이 책을 또 하나의 권위로
받아들이지 마라. 이 책에 쓰인 모든 내용도 언어라는 관념을 통해서 표현된 것이니까.

영적 차원에서 선과 악이 없다는 관점을 이해하지 못하는 사람이다. 특히 종교는 각자 다른 기준을 지키며, 믿음 체계라는 가면이 벗겨졌을 때 어떤 일이 벌어질지 걱정한다.

어떤 사람은 이 책이 제시하는 관점을 우려한다.
관념을 없앤다면 책임감은 어디로 갈 것인가? 세상에 사랑과 도움이 없어지지 않을까?
선과 악이 관념이라 생각하면 모두 테러리스트가 되지 않을까?

물론 세상 규범은 필요하다. 빨간 신호등 앞에서는 정지가 옳다. 그런 차원에서 선악 구분은 유용하다. 그러나 영적 차원에서는 혼란스럽게 만든다.
모든 진리는 '하나임'을 가리킨다. 선악은 인간과 사물에 있지 않다. 그것은 마음을 대상에 투사함으로 생겨난다. 선악 구별은 악한 자와 싸우는 동기가 된다. 그러나 악한 자와의 싸움도 똑같은 싸움이다. 인류 역사를 보면 악을 없앤다는 명분으로 더 많은 싸움이 일어났다. 종교 전쟁, 세계대전, 폭탄 테러나 비행기 납치까지……. 그럼에도 사람들은 악한 자와의 싸움을 선한 일로 믿는다. 그런 이유로 선악이 없다는 사람을 위험인물로 본다.
테러리스트는 악한 자를 죽이면 더 좋은 세상이 된다며 전쟁을 벌인다. 종교 근본주의자는 자신은 선하고 상대방은 악마라 믿는다. 그 결과 상대방을 없애야 한다는 의무감을 갖는다. 모두 각자의 기준으로 테러[聖戰]를 저지른다.

세상을 선과 악으로 나누면 평화가 올까?

인간의 판단이 선악 균형에 영향을 미칠까?

그림자 없이 빛만 비출 수 있을까?

선악은 남극과 북극이다. 옳고 그름은 양 날개도 보완적이다. 더 나은 세상을 위해 선을 취하고 악을 버리는 노력은 실패할 수밖에 없다.*

악을 물리쳐 세상을 변화시킨다는 생각은 삼류 영화이다. 봉우리만 있고 골짜기는 없는 산이 있는가? 이는 양극(+)만 있는 전지를 만드는 일과 같다.

영적인 추구도 마찬가지다.**

동전은 양면이다. 앞면만 쳐다본다고 뒷면이 없어질까?

---

* 이런 말은 대부분 싫어할 것이다. 자신이 걸어온 인생을 부정하는 것이라 느낄 것이다.

** 북극은 좋고 남극은 나쁘다고 한다면, 더 좋은 세상은 북쪽에만 있고 남쪽은 나쁜 세상이 된다.

과거와
미래

Past and future

두 번째는 과거와 미래에 대한 믿음이다.

과거를 돌아보고 미래를 기대하는 시간 개념이다.

시간은 자신이 살아온 경험으로 생겨나는 개념이다.

과거는 모래 발자국이다. 뒤돌아볼 때만 보인다.

과거는 지금 생각할 때만 생겨나는 지금 이 시간이다.

뒤돌아보면 발자국이 보이지만, 모든 발자국은 같은 모래다.

모래의 경계선처럼 시간의 경계선도 생각 속에만 존재한다.

여기서 한 가지 의문이 떠오른다.

생각이 없다면 시간이 존재할까?

과거는 지각할 수 있는 대상인가?

미래를 단 일 초라도 살아볼 수 있는가?

시간은 아주 짧은 순간 떠올랐다 사라진다.
과거와 미래는 흰 스크린 위에 잠깐 보였다 사라진다.

어떤 사람은 오직 현재만 존재한다고 말한다.
그런데 당신은 현재를 잡을 수 있는가?
현재 또한 생각이 만든 관념 아닌가?
과기, 현제, 미래는 ㅁ한한 바탕에서 생멸하는 관념일 뿐.

나와 타인
Me and others

마지막으로 나와 타인에 대한 믿음을 조사해 보자.

이 견고한 믿음은 자신을 행위자로 여기게 만든다. 그 결과 자신을 몸과 마음으로 한정하며, 자신이 타인과 분리되어 있고 자유 의지가 있다고 생각한다.

사람들은 말한다.

"나는 참 독특해. 세상에 나 같은 사람은 없을 거야."

이런 느낌이 자아 관념이다. 이 생각이 자신을 묶어 버린다.

과거와 미래는 연극에 현실감을 준다.

감정과 성격도 연극에 필요한 소도구들이다.

우리는 삶이란 연극 속에서 과거와 미래를 토대로 각자 성격에 따른 행위를 하고 있다.

과연 그 성격과 행위가 당신 것인가?

연극 진행에 필요한 과거, 미래가 당신 소유인가?
가물거리는 기억과 희망은 매혹적이며 개인적으로 보인다.
하지만 그런 것이 당신 소유라고 누가 보장해 주는가?
행위의 주체라고 생각하는 개인은 어디에 있는가?
실제로 존재하는 것인가 아니면 머릿속 이미지인가?
이제부터 이것을 조사해 보자.

눈앞을 바라보라.
사람, 사물, 일어나는 사건들을 보라.
한 개인이 바라보고 있다는 생각을 무시하고 보라.
그러면 그것들을 바라보고 있는 '의식'이 느껴질 것이다.
존재하는 것은 '의식'뿐이며 '의식' 안에서 모든 것이 나타났다
사라진다.

자신으로 느껴지는 개인은 자신이 만든 영화의 주연 배우일 뿐이다.
세상에서 사람들과 섞여 살면 자신의 연기가 진짜처럼 보인다.
특히 오감(五感)은 당신이 몸속에 살고 있다고 믿게 만든다.
하지만 개인이란 인류 대대로 물려받은 습관 아닐까?
사람과 어울릴 수 있도록 교육받은 믿음 아닐까?

자신을 자세히 들여다보면, 여러 이미지가 들락거린다.
당신은 스크린에 나타났다 사라지는 몇 컷의 이미지.*
우리가 겨우 그런 존재란 말인가?

단지 스크린에 잠시 깜빡거리는 이미지?

하지만 실망할 필요는 없다. 영화를 만드는 영사기의 빛은 무제한으로 비추고 있다.

혹시 당신은 투사된 이미지가 아니라 투사하는 빛이 아닐까?

스크린에서 잠시 깜빡이는 이미지 또는 스크린을 비추는 영원한 빛.

당신 존재는 어느 쪽인가?

---

* 이 글을 읽고 있는 동안 당신은 어디에 존재하는가?
   그 인물은 당신이 떠올리는 순간에만, 누군가 말을 거는 순간에만 나타난다.
   당신은 마음속 영화에 가끔씩 나타나는 의식일 뿐.

누가
선택하는가
Who chooses?

자유 의지가 있다는 느낌은 자신이 독립된 존재라는 믿음을 갖게 만든다.

자유 의지와 관련해서 두 가지 이론이 있다.

첫째, 자신 선택으로 이루어지는 다수의 미래가 있다는 가설이다.

둘째, 자신 선택과 관계없이 예정된 한 가지 미래만 있다는 가설이다.

전자는 자유 선택 가설, 후자는 예정 가설이다.

두 이론의 차이는 뚜렷하다.

첫 번째, 개인이 존재한다는 믿음.

가장 통상적이며 자신이 인생을 선택하고 통제한다는 믿음이다.

두 번째, 인간은 조건을 벗어날 수 없으며, 인생이란 주어진 영화 한 편이라는 예정 가설.

인간은 예정된 미래에 따라 움직이며 자신의 행동과 생각을 선택할 수 없다는 믿음이다. 영화 내용을 자신의 의지로 바꿀 수 없다는 뜻이다.

예정 가설을 믿는 사람들은 이렇게 묻는다. 자유 의지가 있다면, 왜 사람들은 고통스러운 생각을 버리지 못하는가? 왜 착하고 행복하게 살기로 결정하지 못하는가?
그들은 "인생은 내 맘대로 되지 않아." 하며 해탈한 듯이 말한다.

그런데 지금까지 언급한 두 가지 가설에는 공통점이 있다.
두 가지 가설 모두 '개인(나)'이 공통적으로 전제되어 있다.

지금부터, 개인이 개입된 두 가지 가설을 뒤로하고,
우리의 모든 생각이나 감정이 스크린 이미지라 가정해 보자.
그러면 '인생은 사는 것'이 아니라 '살아지는 것'이 된다.
선택과 비선택, 희망과 절망, 후회와 죄책감조차 영화일 뿐이다. 우리는 모두 연기하는 배우이다. 마음은 이 사실이 달갑지 않지만, '영화에서 일어날 일은 일어나게 된다.' 매 순간 일어나는
일은 일어날 일이었다.*

＊　일어날 일은 일어난다는 사실을 어떻게 확인할 수 있을까?
　　바로 그렇게 일어나는 일 자체에서 확인할 수 있다. 있는 그대로의 '있음'의 인식이다.

이것이 '있음'이다.

우리는 마음 바탕에 떠오르는 생각을 선택할 수 없다. 자기 맘대로 조종할 수 없는 그림자와 같이.

행동 역시 자신 의지대로 선택하지 못한다. 이 사실을 분명히 안다면, 모든 계획과 기대, 희망과 절망, 자부심과 죄책감까지 전부 사라진다.

그렇다 해서 멋대로 살지는 않는다. 단지 타인과 자신을 판단하는 오랜 습관에서 벗어나게 된다.

그동안 마음속 온갖 소동이 단번에 사라질 것을 상상해 보라.

모든 사람들은 영화 속 배우로 행동한다. 연기 반응을 하는 것이다.

이것은 구속이 아니다. 무한한 자유다!

내 생각을 조절할 수 없다는 사실이 깊은 안도감을 준다.

그것이 바로 궁극적 자유이다.

당신은 일어날 일은 일어난다는 사실을 알게 된다.

그럼에도 자유 선택이 있다고 주장하는 사람들이 많다.

자신이 선택한다는 느낌이 매우 사실적이기 때문이다.

이것이 백일몽이 만들어지는 기본적 메커니즘이다.*

자유 의지에 관한 믿음은 시간과 개인 관념으로 생긴다.

---

* 영화란 원래 사실적인 느낌을 주도록 만들어졌기 때문이다.

그런데 시간과 개인이 환상이라면 어떤 일이 일어날까?

두 가지 관념은 해변의 모래성이다.

개인을 바탕으로 만든 임시 가설이다.

개인이 관념이면 자유 의지 논쟁은 용의 암수를 따지는 일이다.

용은 없다는 사실을 아는 순간, 모든 질문은 사라진다.

인생이 선택인가 예정인가라는 질문은 저절로 사라진다.

백일몽

A daydream

인생은 대낮에 눈뜨고 꾸는 꿈이다.
인생에 나타나는 나를 포함, 모든 존재는 환영이며,
꿈속에 나오는 사물과 마찬가지로 실체 없는 형상일 뿐.*

잠잘 때는 꿈을 현실로 받아들인다. (자각몽을 제외하고) 일어나는
모든 일을 실제라고 믿는다.

꿈에 나오는 자신은 구체적 사물들에 둘러싸인 개인 행세를 한다.
아침에 깨어나서야 꿈속 모든 내용이 마음이 만들어낸 환영임을
알게 된다.

지금 이 책을 읽고 있는 당신도 꿈꾸는 상황이다.

* 꿈꾸는 사람에게는 현실로 보인다는 점에서 꿈이나 백일몽이나 마찬가지다.

현실은 대낮에 꾸는 꿈이다. 주변 모든 사람들, 모든 경험은 당신 의식이 여러 형태로 당신에게만 드러난 환영이다.

꿈과 마찬가지로 지금 경험하는 모든 것은 '의식'의 반영이다. 꿈이나 현실 모두 하나의 '의식'이다.

꿈속에서 목이 마르면 환상의 물을 마시며 환상의 갈증을 풀어버린다. 이 원리를 모르면, 꿈에서 벌어지는 상황을 현실로 착각하게 된다.

여기서 다음과 같은 질문이 떠오른다.

나의 의식 없이 세상은 자체로 존재할 수 있을까?

나는 과연 몸 안에 살고 있는 독립적인 개인이 맞을까?

그렇지 않다면 현실은 또 하나의 백일몽 아닐까?

오감과 마음의 도움 없이 나 자체로 느껴진 적이 있었던가?

우주 또한 나의 감각과 마음의 개입 없이 존재할 수 있는가?

나의 인식이 없다면 세상이 독립적으로 존재할 수 있을까?

결국 세상은 내 생각이 만들어낸 헛된 대상 아닌가?

세상은 자신의 감각과 이해로 인식된다. 감각과 이해가 다르다면 세상은 지금과 전혀 다른 모습이 된다.

백일몽에서 깨어나면 어떤 상태가 될까?

그런데 현실이 백일몽인들 어쩌란 말인가?

그런 통찰로 자신의 본성을 알 수 있을까?

세상은 마음의 환상이며 단지 '의식'일 뿐이다. 자신은 모든 일이
일어나는 통로이다. 이런 통찰로 자신을 행위자로 규정하는 오래
된 습관에서 벗어나게 된다. 붓다의 말처럼 일어날 일은 일어나고
이루어질 일은 이루어질 뿐 모든 사건은 개인과 상관없는 일이다.
우리는 영화관의 관객으로 인생을 지켜보기도 한다.
모든 행위를 지켜보는 중립적인 관찰자로서 말이다.
우리의 '의식'이 지금 일어나고 있는 일을 바라보고 있다.*

마음이 갑자기 열리는 개인적 경험을 말하는 사람도 있다.
그들은 조건 없는 사랑과 평화를 '있음'으로 동일시한다.
'있음'에 종교 용어를 붙이는 사람도 있다.
'있음'을 사랑, 에너지라 부르기도 한다.
이 '있음'을 예수의 사랑, 부처의 성품, 크리슈나의 자비라 부르기
도 한다.
또는 '있음'을 더 높은 영혼이나 구원의 존재로 여기기도 한다.
하지만 이 모든 표현은 나에 대한 이야기를 벗어나지 못한다.
나라는 개인을 내세우는 오래된 습관의 결과물이다.
관찰자의 느낌은 '있음'으로 가는 과정처럼 느껴진다.**

* 얀 케르쇼트 『온 바 없다Nobody Home』 2003, 36~58쪽
** 개인과 '있음'을 구분하는 것은 마음속 게임이다. 개인과 '있음' 사이 경계선은 관념이다.
'하나임', 즉 '있음'으로 가는 길에는 단계도 과정도 없다.

자신을 나로 규정하지 않는다면 그대로 바라볼 뿐이다. 그 후에는 명료한 '의식'만 존재한다. 관찰자는 없어지고 관찰만 있게 된다. 백일몽이 환영이므로 백일몽 속 당신 역시 환영이다.

초월적 경험 후에도 개인을 유지하는 습관은 여전히 남는다. 예를 들면, 우리를 관장하는 존재에 집착하고 이성이나 감정, 영혼에서 구원을 찾으며 '의식'을 높은 대상으로 여긴다. 때로 자신을 본인이 나오는 영화를 보는 관람자로 여긴다. 창문 너머 자신을 바라보는 관찰자가 자신(참나)이라 생각한다.

하지만 명심하라. 그런 개인은 없다(참나조차 관념이다). 세상이 환영이면, 나 또한 환영이다. 타인이 유령이면, 나 또한 유령이다. 세상이 환영인데 나만 실체라는 생각이 합리적인가? 모든 개인이 유령인데 나만 깨달았다는 생각이 합리적인가?

자신을 전일성의 도구로 여기든 영화 관람자로 여기든, 자신을 어떤 대상으로 제한시킬 경우 당신은 개인이라는 굴레에서 벗어날 수 없다.

자아
탐구

Self enquiry

"우리는 무엇인가?"

이렇게 묻는 자는 누구인가?

자아는 어디에 있는가? 자아는 우리와 분리되어 있을까?

우리가 무엇인지 어떻게 알 수 있는가?

우리가 무엇이든 '의식'이 아닐 수 있는가?

'있음'은 우리와 있는데 '그것'을 못 본 것 아닐까?

구도자들은 깨닫기 위해 자신의 조건을 바꾸려 한다.

하지만 깨달음이 자신만큼 가까이 있다는 사실을 알지 못한다.

우리는 자아를 넘어서기 위해 영적 모임에 나간다.

그러나 종교나 심리학으로는 성과가 없으므로 좌절한다.

종교나 수행은 에고의 먹잇감이며 깨달음의 걸림돌이다.
마음공부 모임은 평범한 사람은 깨닫기 어렵다는 믿음을 조장한다.
이런 이유로 일명 '도판'에서는 영웅 만들기 게임이 성행한다.
만일 '있음'이 개인화되면, 깨달음이란 운이 좋거나, 엄청난 노력
으로 받는 미래의 금메달로 간주된다. 그렇게 되면 이미 주어진
'있음'을 놓치게 된다.

오랜 수행으로 지친 구도자들은 아무것도 바꿀 필요 없는 즉시
만족을 원한다. 이러한 '인식'을 비분법(Non-dualism)이라고 한다.
비분법(非分法)은 '하나임'을 나누지 않는다. 깨달음을 미래 목표로
생각하지 않는다.
비분법적 접근으로(접근이라는 표현은 적절하지 않다) 본성이 이미 구현
되어 있음을 인식하게 된다.

인식(Recognition)은 Re(다시) + Cognition(인지하다), 즉 원래 있음을 재확인하는 것이다.
　옮긴이

해탈 역시 개인적 보상이 아니며, 모두에게 무상으로 주어진다.
이러한 비분법적 견해를 가진 스승은 극소수이다.[*]

손이 물건을 쥐어 잡듯, 마음은 관념을 잡기 좋다.
그러나 깨달음은 무엇을 쥐어 잡은 상태가 아니다.

[*]　토니 파슨스 『그것뿐All There is』, 『오픈 시크릿The Open Secret』 2003 참조.

영적인 탐구와 수행은 필요 없다.

보이는 모든 것들이 '그것'이기 때문이다.

'하나'가 모든 것을 비추고 있다.

그런 이유로 우리는 '있음'에서 도저히 벗어날 수 없다.

기독교에서는 하나님의 사랑('의식')에서 벗어나기가 더욱 어렵다고 말한다.

불교에서도 부처님 손비닥(마음, 心)을 벗어날 수 없다고 말한다.
힌두교에서도 브라만(의식)이 전부이며 브라만에서 벗어나지 못한다고 말한다. — 옮긴이

그러므로 생활 방식을 바꾸거나, 마음을 열거나, 고요히 하거나,

자신의 조건과 환경을 바꿀 필요가 없다.

어떤 노력도 필요 없다. 당신이 이미 '있음'이기에.

그럼에도 많은 스승은 깨닫기 위해 지금과 달라져야 한다고 말한다.

이러한 가르침은 끊임없이 노력하는 에고의 욕망을 만족시킨다.

에고 중심적 스승은 희망을 주기 때문에 수행자에게 인기가 높다.

하지만 수행은 깨달음과 분리된 느낌을 더욱 강화시킨다.*

인간의 마음은 '하나임'을 조각낸다.

마음은 분별 구조로 만들어졌기 때문인데, 매사에 분별하지 않으면 견딜 수 없어 한다. 심지어 마음은 '하나임'을 인식 도구로 삼기

---

* 에고적 구도 행위는 세 가지 믿음 체계, 즉 나와 남, 과거와 미래, 선과 악에 대한
  믿음에 바탕을 두고 있다.

도 한다.

'하나임'을 조각낸 후 다시 맞추는 작업을 깨달음으로 여긴다.

그리고 자기만의 스승을 찾아 방법을 묻는다.

마음은 스승을 히말라야 셰르파(Sherpa)로 이용한다.

하지만 자신이 '있음'이라는 사실을 알면 스승은 필요 없다.

무언가를 해야 한다는 가르침은 기본적 오해에서 출발한다.

'있음'으로 가는 어떠한 방법도 '있음'을 누리지 못하게 만든다.

'있음'은 계획으로 이루어지지 않으며, 오히려 계획이 '있음'을
가로막는다. 모든 노력은 마음의 게임이다.

이 사실을 알아차리면, '있음'은 스스로 드러나며 삶은 저항 없이
나를 통해 흘러간다.

'있음'으로 투명하고 유연해지지만, 그것을 누리는 개인은 없다.

'있음'은 일상으로 살아지는 삶이다.

그것은 갑자기 매직 월드에 있는 내가 아니다.

'있음'을 체험한 후에도 백일몽은 계속된다.

일상생활이 계속된다는 뜻이다. 평범함이 지루한 삶은 아니다.

깨달음이란 말은 대단하게 들리지만 전혀 그렇지 않다.

단지 마음의 분별이 약해진 상태를 어느 순간 알아채는 일이다.

이를테면 견해의 변화인데, 그것은 일상생활이며, 항상 자신을 담
고 있는 '이것'이다.

'이것'을 본 후에도 마음은 여전히 선과 악, 몸과 마음, 과거와 미래를 나눌 것이다. 이러한 분리 게임은 영화를 사실적으로 만들고, 매력적인 이야기에 필수적이다.*

그러나 전일성(Unicity)은 분리할 수 없는 '존재'이다.
나로 보이든 타인으로 보이든 단일한 '의식'의 드러남이다.
서로 다른 이야기를 가졌을 뿐이다.
각각의 이야기는 매우 사실적이지만(블록버스터가 실감 나는 것과 같다),
하나의 '의식'이 여러 모습으로 나타나는 게임이다. 연기자는 자신만의 이야기에 빠져들고, 개인적 사건을 가장 중요하게 여긴다.

우리는 모두 개인 드라마에 빠져 살아간다.
인생에 의미와 목적이 있다 생각하며 기대와 희망을 걸고 산다.
어떤 현인이 나타나 "인생은 영화이고 당신은 은유이다."라고
말한다면, 우리는 그를 조롱할 것이다.

만일 그 말을 알아차려도, 계속 백일몽을 꾸는 쪽을 택할 것이다.
에고는 항상 삶의 목적과 경로를 찾으려 하기 때문이다.
이런 이유로 사람들은 '있음'은 찾을 필요가 없으며 정해진 길이
없다는 진실을 거부한다.

---

* 영화적 스토리를 사실적으로 구성한 책도 많다. 교회나 사찰에서는 그런 상투적
   이야기를 많이 들려준다.

마음은 항상 끝없이 노력하라고 자신을 다그친다.
그러나 깨달음은 어린아이의 천진함을 통해 나타난다.＊

구도자들은 목표를 설정한다. 천진해지는 기술을 개발하기도
하고, 더욱 유연하게 세상을 받아들이려고 노력한다.
요즘 '도판'의 유행어는 "지금 여기, 이 순간을 살아라!"이다.
이런 구호를 수행 기법으로 받아들인다면 더 큰 문제가 생긴다.
'지금 여기'를 개인적 목표로 삼게 되기 때문이다.

'지금'으로 향하는 개인이 어디에 있다는 말인가?
우리가 존재하는 곳이 어떻게 '여기'가 아닐 수 있는가?
우리가 존재하는 시간이 어떻게 지금이 아닐 수 있는가?
작년 여름 휴가지도, 지금 여기에서 생각이 일어나고 있다.
'지금 여기'라는 말은 시간과 공간을 만들어낸다.
'지금 여기'는 관념이며, 마음이 갖고 노는 장난감이다.
'있음'은 '지금 여기'를 알지 못한다.

요즘 유행하는 수행법은 '생각 없애기'이다.
생각을 마음의 병이며 장애물이라 여긴다.
그들은 에고를 없애야 될 물건으로 여긴다.
그런데 그런 과제를 누가 수행하고 있는가?

＊ 그렇다 하여 아이의 천진함을 깨달음에 이르는 새로운 도구로 여기지 마라.

깨달음을 믿는 한, 수행을 멈출 수 없다. 수행 성취는 아주 잠시며 결국 실패한다. 수행자 오류를 피하는 유일한 방법은 자신이 깨닫는다는 생각을 버리는 일이다.

자신이 구도자라는 믿음, 깨달아야 한다는 믿음을 포기하지 않는 한, 끝없는 고행의 길을 영원히 걸어야 한다.

갈 곳은
없다

There is nowhere to go

하나의 동전이 떨어지는 순간 자아의식은 꺼진다.

영어권에서 동전이 떨어진다는 표현은 Eureka Moment(깨닫는 순간[洞察]),
또는 Epiphany(갑자기 드러남[顯顯])의 의미를 가지며, 선(禪, Zen)의 눈 깜짝할 사이에
봄[一瞥]과 비슷한 의미로 쓰인다. ── 옮긴이

시계의 똑딱임이 멈추고 과거, 미래, 개인이 사라진다.

여전히 현실적 분별은 남지만 중요하지 않게 된다.

동전이 떨어지기 전과 후는 차이가 없게 되며, 동전도 의미가 없어
진다. 이런 일은 에고에게 자살로 보일 수 있다. 구도자가 필요 없
어지기 때문이다.

아무것도 아닌 것이 모든 것을 깨울 수 있다.*

세상에 없는 사람이 없는 세상을 재인식하며, 없음이 삶의 펼쳐짐

---

* 이런 표현은 모순이다. 말이란 관념이기 때문인데, 비분법을 말하는 어떠한 책도
(이 책을 포함하여) 혼란이 없을 수 없다.

을 지켜본다. 이것은 에고로부터의 해방이나 행위자 부정이 아니다. 해방이나 부정을 행하는 주체가 없다는 말이다.

'있음'으로 가기 위해서는 노력이 필요 없다.
'있음'은 여기 있으면 성취된다. 수행자들은 오랫동안 믿음 체계를 주입받은 결과, '있음'의 무한성을 잃어버렸다. 그들은 무한성을 되찾기 위해 여러 종교와 철학, 영적 도구들을 만들어냈다. 그 과정에서 많은 예언자들이 출몰했다.
하지만 무한성이 모든 곳에 꽉 들어차 있음을 안다면, 일별은 단지 '있음'을 향한 창문임을 알게 된다.

창문이 과연 필요할까? '그것'이 지금 여기에 있는데 말이다.
오직 단일한 '의식(Consciousness)'만으로 충분하다 '의식'이 '있음'이며 우리 존재이다. 우리 존재는 다른 곳에 있지 않다.
"하늘 왕국은 너희 안에 있다."는 예수의 말이 있다.
이 말은 '있음'이 몸이나 마음에 있다는 뜻이 아니다.
'있음'은 장소와 관계가 없다. 천국은 경계선이 없으므로 '너희 안'은 모든 곳을 가리킨다. 그것은 모든 곳에 비추는 태양과 마찬가지다.
우리는 '있음'이라는 사실을 잊고 있는 '있음'이다.

17세기 샴(태국의 옛 이름) 왕자 이야기다.
왕에게 일곱 공주가 있었다. 왕은 아들을 간절히 바랐고 여덟 번째로 왕자를 낳았다.

왕의 가족은 섬에서 휴가를 보내기로 했다.

바다를 건너던 중,

갑자기 산더미 같은 풍랑을 만났다.

"아악! 살려 주세요!"

사람들은 아우성치며 갑판 위로 올라갔고, 왕은 아들을 가슴에 꼭 안았다.

철~썩, 콰르릉.

물이 갑판까지 차오르자 왕은 더 이상 피할 수 없었다.

왕은 아기를 나무 상자에 넣고 바다로 떠내려 보냈다.

왕 일가족은 모두 바닷속에 빠져 죽었다.

나무 상자는 떠내려갔다.

3일 후 해변에 사는 젊은 여인이 상자를 발견했다.

그녀는 아기를 집으로 데려가서 자신의 아들로 키웠다.

얼마 후 여인은 치앙마이로 이사했고, 장사를 시작했다.

아이가 열다섯이 되자, 시장에서 엄마와 생선을 팔았다.

열아홉이 되자, 아이는 멀리 떠나 생선 장수로 독립했다.

어느 날 지나가던 승려가 청년을 보았다.

그는 생선 장수가 20년 전 풍랑에서 살아남은 왕자임을 알아보았다.

"당신은 왕자입니다."

"제 옷을 보시죠. 그래도 왕자로 보이나요?"

청년은 승려의 말을 믿지 않았다.

승려는 생선 장수가 왕자임을 재확인했다.

"당신은 선왕과 똑같은 반점이 목에 있군요."

그때 자신을 바닷가에서 주웠다는 엄마 말이 기억났다.

생선 장수는 자신이 왕자임을 받아들였다.

그는 승려와 함께 시장을 떠났다.

왕궁에서 잔치가 벌어졌고 생선 장수는 왕이 되었다.

이 이야기에서 왕자의 신분 확인은 '하늘 왕국'의 발견과 같다.

생선 장수는 처음에는 믿지 못했지만, 결국 자신의 진짜 신분을 확인했다.

이야기의 핵심은 생선 장수일 때와 왕이 되었을 때 청년에게 어떤 차이가 있냐는 점이다.

왕자임을 몰랐어도 청년은 실제로 왕자였다. 단지 자신을 알아보지 못했을 뿐이다.

영적 탐구도 이와 같다.

우리는 빛이지만 제한된 개인으로 인식한다.

자신이 왕자이지만 생선 장수로 여긴다.

자신이 이미 '있음'임에도 분리된 개인으로 여긴다.

고작 자신을 구도자 따위로 여기며 왕국을 찾아 떠돈다.

자신이 왕이며, 이미 이곳이 왕국임을 알지 못하고 있다.

또는 이 사실을 마음속 깊은 곳은 알고 있어도 믿지 못한다.

집을 한 번도 떠난 적 없는 우리는 자신의 궁전을 찾아 떠돌고 있다.

이야기로 되돌아가 보자.

일 년 후, 청년은 왕 역할에 싫증이 났다.

그는 예전의 단순한 생활이 그리워졌다.

왕자는 허름한 옷을 걸치고 몰래 시장으로 나갔다.

사람들은 생선 장수가 왕인 줄 알아보지 못했고,

왕은 예전 생활로 돌아가 생선을 팔며 즐거워했다.

이야기 뒷부분은 무엇을 말하고 있는가?

깨달은 후에도 우리의 습관은 바뀌지 않는다.

옛 습관으로 살아도 높은 신분에는 변화가 없다.

우리가 의혹에 빠져 있을 때라도, 그래서 왕처럼 행동하지 않을 때라도, 우리가 옛 습관 속으로 다시 돌아가도, 우리 지위는 변함이 없다.

비천하고 평범하게 지내도 우리는 지금 그대로 고귀한 신분이다.

마지막 요점은 우리 외모나 행동은 중요하지 않다는 사실이다.

우리는 성인처럼 느릿느릿 말하며, 품위 있고 거룩하게 행동할 필요가 없다.

먹는 음식을 바꾸거나 옷 스타일을 바꿀 필요도 없다.

굳이 채식을 하거나 회색 옷을 입고 다닐 필요가 없다.

평화의 향기를 풍길 필요도 없고, 우주 에너지가 척추로 들어올 필요도 없고, 과거의 나쁜 업을 해소해야 할 필요도 없다.

모든 사람에게 무조건적 사랑을 느껴야 되는 일도 아니다.

그렇다면 깨달음을 통해서 밝혀지는 것은 무엇인가?

'당신을 포함한 모든 사람이 고귀한 신분'이며, 깨닫지 않아도 같은 신분이라는 사실이다.

그러므로

깨달은 자는 '이러저러해야 한다.'는 가르침은 모두 잊으라.

깨달음에는 규칙도 조건도 없다. 정해진 길이 없다.

평범하게 살고 있어도, 우리는 하늘 왕국에 있다.

천국에 가기 위해 죽을 때까지 기다릴 필요가 없다.

당신이 지금 시장에서 생선을 팔든, 궁전에서 살든,

무엇을 하고 있든 '있음'을 벗어날 길은 도무지 없다.

우리는 모두 신분을 감추고 사는 왕이다.

아무도
제외되지 않는다

Nobody excluded

동전 하나가 떨어졌을 때 모두가 깨닫는다.
동시에 어떤 개인도 깨달음을 얻지 못한다.
깨달음은 '있음'이지만, 개인이 소유할 수 없다.
스크린 속 배우는 영사기의 빛을 조절할 수 없다.

'존재'하는 것은 오직 빛이며 우리는 '하나'이다.
하나가 분리되어 당신이라는 개인으로 보일 뿐이다.
오직 있음만 존재하며, 우리가 있음 안에 있는데, 무엇을 찾고
있는가?
왜 자꾸 더 높은 곳으로 가려 하는가?*

＊ 네이선 길 『자명*Clarity*』 2000 참조

왜 깊은 평화를 바라는가?

개인적 문제를 벗어나고 싶은가?

영적 스승이라는 말을 듣고 싶은가?

아니면 더 좋은 세상을 만들기 위해?

혹시 풍요로운 삶과 인류의 조화를 바라고 있는가?

20년 동안 매일 기도와 명상을 했다는 자부심?

아니면 영적 영웅이 되고 싶은가?

'있음'이 바라는 대상인가?

당신이 더 높아지면 '하나임'을 얻을 수 있는가?

싫어하는 것을 모두 없애버린 결과가 '있음'인가?

'있음'은 '빛'이고 '전일성'이며, 모든 것을 포함하는 '의식'이다.

비교나 심판 없는 '이것'이다. 무엇이든 '그것'에서 제외되지 않는다.

있는 그대로의 우리가 '그것'이다.

'그것'과 우리 사이 경계선이 관념임을 안다면 무엇에도 집착하지 않게 된다.

모든 믿음 체계는 힘을 잃고, 수많은 압박에서 벗어나 세상이 편안하게 느껴진다.

낮음 없는 높음은 없다. 1층 없는 2층은 없으며, 양극(+)만 있는 전지는 없다는 뜻이다.

이 사실이 확실해지면, 악에 대항하는 싸움도 줄고 타인을 바꿔야 한다는 생각도 사라진다.

지금 나 역시 바꿀 필요가 없어지며, 경험하는 모든 순간이 계획 없이 허용된다. 나에게 일어나는 일을 언제나 허용하면, 기대와 희망은 사라진다. 개인적인 역할이 없다면 당신의 반응은 자발적이며 예측 불가능하다.*

당신은 고요히 있을 수도 있고 아무 일도 없을 수도 있다.
특정한 역할이 당신처럼 보이겠지만, 그 또한 지나가는 영상일 뿐.
할 수 있는 일은 자신이 '없음'을 인식하는 일이다.
모순 같지만, 자신의 본성으로 가는 길은 결국 없음(Nothing)으로 돌아가는 길이다.**

영적인 차원에서는 어떤 자아도 완전히 해체되며 구도는 스스로 끝난다. 이것은 행위자에 대한 믿음이 끝나는 것인데, 사실 이것을 끝내고 말고 할 개인이 없다.
그러니 '이것'을 알아본 후에는 갈 곳이 없다.
나라는 행위자가 없는데 명상이나 수행으로 깨달을 자가 어디에 있단 말인가!

---

* 유령들이 앞으로 어떻게 될지 도무지 알 수 없다.
** 유령의 흰옷을 벗겨 보라. 옷 속에는 아무 내용물도 없다.

누가
그 길을 걷고 있는가?

Who is walking that path?

구도자들은 자신이 노력해야 한다고 생각한다.

더 나은 세상을 만들고, 불의에 맞서 싸우고, 변화해야 한다는 믿음이 강하다.

그들은 더 높은 성취를 위해 명상한다.

물론 명상은 아무 문제가 없다. 하지만 영적 탐구를 계속하게 하는 명상자에 대한 믿음은 문제가 된다. 명상으로 자신을 동일시하면 텅 빈 '있음'의 인식을 방해한다.

명상은 영적인 자살 행위와 같다. 행위자가 등장하기 때문이다. 고요히 앉아 명상하는 행위자가 없다는 사실을 알면 새로운 시야가 열린다.

지금 기도하는 자는 누구인가? 명상하는 자는 누구인가?

이렇게 묻는 자는 누구인가? 바라봄을 행하고 있는 자는 누구인가?

시바를 찬양하고 힌두 예배를 하는 자 누구인가? 누가 누구에게 봉헌하고 있는가?

지금 좌선하는 자는 누구인가? 깨달음을 구하는 자는 누구인가? 자신의 해탈을 갈구하는 자는 누구인가?

모든 질문은 '나'라는 행위자를 전제로 한다.

'나'라는 관념을 버리면, 영적 행로가 없어진다.

자신이 구도자라는 관념만 버린다면 곧바로 자명하다.

당신이 어떤 수행을 하든지 집에서 멀어진다.

당신은 떠날 수가 없다. 모든 곳이 집이기 때문이다.

애초부터 당신은 '이것' 안에 있다. 이분법조차 '이것'에 포함된다.

집은 시간도 길도 없는 곳이다. 찾는 당신이나, 못 찾는 당신이나 어떤 모습도 '하나'의 드러남이다. 영적 행로에 대한 믿음 역시 전일성의 투사이다. 누구든 '이것'에서 빠져나갈 길이 없다. 모두가 하나이다.

모두가 '이것'이다.

깨달음이 지복과 평화에 머무는 상태라는 믿음은 동양에서 유래한다.

깨달음은 노력하여 얻은 경지라 말하는 성자들이 많다.

그중에는 초인으로 추앙받는 스승도 있다.*

깨달음은 보다 높거나 특별한 경지가 아니다.

'있음'은 높고 낮음이 없고 위치나 정해진 길도 없다.

---

* 동양에는 전통적으로 영적인 영웅(깨어난 자)을 소개하는 책이 많다.

시간과 장소를 초월한 '있음', 그것이 우리의 본성이다.

'있음'은 자신을 구도자로 동일시하지 않는다.

'있음'에 없는 것은 단 하나, 지금과 달라야 한다는 생각뿐.

누가
깨달음을 바라는가
Who wants to be enlightened?

구도하는 자신이 관념임을 알아채면, 모든 영적 규범은 의미를 잃는다. 하지만 사회적 규범은 여전히 지키며 타인을 비판하지 않게 된다. 아울러 과거와 미래, 개인적 이야기가 있다는 느낌도 사라진다. 처음에는 어색하고 불안할 수 있다. 하지만 그런 것들이 환영이며 자신 소유가 아님을 알게 된다. 이것은 죽음에 비유할 수 있는데, 죽음이란 관념의 죽음, 즉 에고의 죽음이다.

'있음'보다 개인 스토리를 좋아하는 사람들이 많다. 개인적인 희로애락을 가지고 있다는 관점을 선호하는 것이다. 사람들은 백일몽을 계속 꾸기 원하고 맡은 역할을 계속 연기하고 싶어 한다. 연기를 하면서 지나간 일과 희망 그리고 자신의 감정에 가장 큰 관심을 기울인다. 개인적인 드라마에 열광적으로 빠져든 사람들이다. 백일몽이란 눈 뜨고 꾸는 꿈이다. 나의 스토리를 펼치는 꿈이다.

마음 차원에서는 '의식'의 중립성보다 백일몽이 더 매력적이다.

백일몽을 꾸는 사람들은 배역을 자신으로 여기며 일어나는 모든 일에 매우 심각하다. 그로 인해 타인을 사사건건 비판하고, 성스러움을 중요시하며, 업보와 윤회를 믿고, 우상 신을 숭배할 수도 있다. 그들은 보상을 바라며 천국과 지옥을 맹신한다.

구도자들 역시 개인 스토리를 좋아한다. 그들은 더 나은 사람이나, 책임감 있는 사람이 되거나 영적인 삶을 살려 노력한디.

하지만 더 높은 차원에 도달하려는 노력은 전지의 양극(+)만으로 손전등을 켜는 것과 같다. 그들은 지상 낙원을 찾는 중이다.

커다란 산을 보라. 높은 봉우리만큼 깊은 골짜기가 있다. 착한 사람, 더 좋은 세상을 위한 노력은 마음 차원에서는 매력적이지만 양극(+)만 있는 전지는 아무런 기능이 없다.

'있음'은 중도(中道)적이다.

옳고 그름 없이 모든 존재가 허용된다. 흑백 구분이 백일몽임을 알아채면 날카로운 심판을 떠난 관찰이 일어난다.

관찰은 자기중심적이나 타인 방관이 아니다. 겉보기에 세상에서 맡은 자신 역할은 계속된다.

인간 사이 대립 또한 '있음'의 발현이다.

개인 성격도 정해진 것이 아니며 주위 조건에 따라 임시적이다.

'있음' 안에서는 수용과 거부, 전쟁과 평화, 진실과 거짓, 선과 악 모두 허용된다.

'있음'은 지금 있는 그대로이다.

'있음'은 모든 곳에 비추는 '그것'이다.

특정한 위치가 없으며, 어떠한 관점도 없다.

그러므로 '있음'은 여기에서 저기로 가지 않는다.

'있음'의 성격은 없다. '그것'이 무엇인지 우리는 전혀 알 수 없다.

어느 순간 '이것'을 보면 다음 순간 잃었다고 믿게 된다.

그러나 '있음'은 볼 수도 없고 잃을 수도 없다.

당신이 '이것'을 보거나 보지 않거나, 우리는 '있음' 안에 있다.

'있음' 안에서는 무엇이든 동전의 양면처럼 동시에 존재한다.

'있음'은 동전 자체이며 동전이 떨어지지 않아도 '있음'이다.

그러므로 깨달음을 구한다면 자신이 이미 깨달아 있음을 부정하는 행위이다.

빛은 조명이 필요 없다.

우리가 마지막으로 깨닫게 되는 것은 무엇인가?

세상에 깨닫지 못한 사람은 없다는 사실이다.

따라서 미래의 깨달음은 불가능하다.

깨닫기 전과 후도 완전히 같다.

꿈속에서는 깨달음으로 옮겨 가는 단계가 없다.

깨달음은 자신을 개인이라 믿는 구도자에게만 의미가 있다.

더 좋은 수행법, 더 좋은 도반(道伴), 더 훌륭한 스승은 백일몽을 더 다채롭게 만들지만, '있음'을 주지 못한다. 자신이 바로 '있음'이기에.

'있음'은 표현할 수 없다.
이 책은 어떤 방식으로 깨달음을 묘사해도 실패할 운명이다.
생각으로는 깨달음을 이해하고 설명할 수 없다. 마음 도구는 한계가 있기 때문인데 지금 말하는 깨달음이란 한계 없는 '이것'을 가리킨다. (This is It!)
그래서 우리는 하나를 보았다고 말하지 못한다.
굳이 말로 한다면 '있음'이 '있음'을 보았다고 말할 수밖에 없다.

'있음'이 몸과 마음을 가진 80억 명에게 자신을 투사하며 분별 게임을 벌이고 있는 중이다. 80억 명이 각자 분리된 개인이라는 느낌으로 살고 있다.
80억 개의 검은 점이 똑같은 점들에 둘러싸인 상태에 비유된다.*
"지구인들은 다양성 게임을 하고 있다. 같은 얼굴에 다른 가면을 씌운 게임이다."
— 옮긴이

인류 역사를 통하여 깨달은 자들이 가리키는 단 하나의 '의식',
이것은 '분리된 관념'과 어떻게 조화를 이룰 것인가?

---

  * 척 힐릭 『초심자를 위한 깨달음Enlightenment for Beginners』 1999

무경계
No boundary

갓난아기는 분리가 없다.
아기에게는 '전일성(Unicity)'만 있으며 한계가 없다.
아기는 특정한 몸에 자신을 제한하지 않는다.

어른이 되면서 나와 남, 선과 악, 높고 낮음, 과거와 미래, 원인과
결과를 믿으면서 전일성을 잃어버린다. (겉보기에 그렇게 보인다.)
그 후 자신을 몸과 마음에 끼워 맞추고, 분리된 존재로 살아간다.

깨달음은 특별하지 않다.
단지 아기 때의 느낌을 다시 발견하는 일이다.
즉 본성의 재발견이며 분리되지 않은 '있음'을 확인하는 일이다.
이것은 모래의 성질과 같다. 모든 모래성은 똑같은 모래이므로,
우리 본성은 모두 같은 '하나'이다.
이 똑같은 모래가 '있음'의 바탕이며, 삶의 빛이며, 삶을 만드는 근

본 재료이다.*

우리는 모래와 같은 본성을 갖고 있다. 그러므로 나와 타인은 관념이다. 이 사실을 알면, 사람들 사이의 경계선은 사라진다.

당신은 모든 사람이다.

그럼에도 구도자들은 자신만의 모래성을 쌓는다. 깨달음을 위해 자신을 디그친다. 하지만 그것은 주머니에 넣을 수 있는 물건이 아니다.

산으로 오르는 길은 여러 갈래이다.

노력으로 얻는 미래의 깨달음은 없다. 그런 생각은 개인적이며 시간적인 망상이다.

경계 없음이 진실이다. 어떤 노력과 수행으로도 이 진실을 바꿀 수 없다. 깨달음이란 특별한 상태가 아니다. 깨달음은 단지 견해의 변화이다. 무경계의 진실을 알게 되는 견해.

깨달음이란 스크린 화질을 좋게 하는 일이 아니라, 스크린을 비추는 빛을 알아보는 것이다. 스크린에 나타나는 영상은 깨달음과 아무 관계가 없다.

---

* 우리의 모래성과 타인의 모래성 모두 같은 모래로 구성된다. 세상 만물이 원자로 구성되어 있는 것과 같다.

'우리'를
찾을 수 있는가
Can we find what we are?

우리의 본성이 '있는 그대로'라면 발견할 수 있을까?
우리가 있는 그대로와 어떻게 다르게 될 수 있는가?
그럼에도 독립된 개인이라는 이 느낌은 무엇인가?
본성을 찾는 자신은 어디에 있는가?

잠시 본성이 사는 장소를 생각해 보라.
그런 장소가 따로 존재할까?
장소 역시 하나의 관념이다.

몸은 기능하지만 몸에서는 자신을 발견할 수 없다.
자신은 마음속에만 존재하는 하나의 이미지일 뿐.
몸 안에서는 자신을 찾을 수 없다.

사람들은 영혼 이야기를 지어내지만,
영혼 역시 마음속 이미지에 불과하다.

'있음'은 어디에 있을까?
그것이 사는 장소를 찾을 수 있을까?
'있음'은 모든 곳에 있으므로 특정 장소에서 찾을 수 없다.
우리의 본성인 '있음'은 모든 곳에 편만(遍滿)하다.

'있음'은 찾는 마음에게는 잡히지 않는다.
그것은 두뇌 속에 없으며 마음속에도 없다.
'있음'은 만물이 나타나는 공간이다.

사람들은 '나는 생각한다.'는 가정하에 살아간다.
이 가정이 무너지면 '있음'이 우리의 '의식'이 된다.
그렇게 되면 일상생활에 엄청난 친밀감을 느끼는데,
그렇게 느끼는 나는 없으며 친밀감조차 적절한 말은 아니다.*

'있음'이 우리의 '의식'임을 알아차리면, 어떤 동기나 선택 없이
모든 일은 그냥 일어난다.
몸과 마음이라는 이분법은 사라지고 업보와 윤회도 사라진다.

---

* 적절한 말도 적절하지 않다. 적절과 부적절을 판단할 사람이 있을까?
  그리고 적절함이 있다면 부적절함도 생겨난다.

선악 구분도 없어지고 나와 남을 구분하는 마음도 사라진다.
남은 것은 있는 그대로일 뿐이다.

도대체
누가 죽는가

Who dies?

나를 몸 안에 살고 있는 인물로 제한할 경우, 나는 피할 수 없는 법칙에 구속된다. 인간은 모두 죽음을 향해 뛰어간다는 법칙이다.
언제 죽느냐가 문제일 뿐 죽음은 필연적이다.

몸의 죽음은 피할 수 없지만, 진짜 주제는 '몸의 죽음이 나의 종말인가?'이다.
심야에 전등이 저절로 꺼지는 사건을 받아들일 수 있는가?
자아는 단번에 사라지는 죽음이 두려워 영혼을 만들어냈다. 이로부터 환생이나 윤회 같은 이야기가 파생된다. 자신 본성을 모르는 사람은 그런 이야기들로 죽음에 대한 공포를 덮어 버린다.

얀과 토니 파슨스의 대화 중 '전등이 나갔다고 전기가 사라진 것이 아니다.'라는 말이 있다. 『있는 그대로*As It Is*』 — 옮긴이

죽을 때 느낌은 어떨까?

몸이라는 형상이 '있음'으로 환원될 때 어떤 일이 일어날까? 아무도 모르지만 지금 당신이 거주하는 '있음'과 죽고 나서 당신이 거주하는 '있음'은 완전히 같다. 이것이 가장 커다란 안심이다.*

몸이 죽었을 때 필름은 모두 돌아갔지만 영사기의 빛은 계속 비춘다.
'있음'은 시간적, 공간적으로 한계가 없다.
영화가 끝나도 '있음'은 끝나지 않는다.
'있음'이 가진 무한성이 바로 '불멸'이다.

개인적 관점에서 보면, 사람들은 자신만의 몸을 가지고 살아간다.
각자의 DNA를 표현하며, 이 세상(으로 보이는 곳)에 살고 있다.
오감(五感)은 매일 '이 몸은 나'라고 확인해 준다.
그 결과 자신이 몸 안에서 살고 있는 분리된 개인이라고 확신한다.

그러나 우리는 레고 조각으로 조립된 장난감이 아니다.
몸이란 물건으로 자신을 한정 짓는 생각은 유치한 관념이다.

우리의 본성, 즉 '있음'은 한계가 없고 죽지 않는다.
인생이라는 영화 속 배우는 죽음과 함께 영원히 사라지는 사람처럼 보인다. 그러나 우리 몸은 모래성. 파도가 모래성을 무너뜨리면 모래만 남는다. 그리고 모래성의 본성인 모래는 죽을 수 없다. 우

* 얀 케르쇼트『온 바 없다*Nobody Home*』2003, 127~132쪽

리는 모래성이 아니라 불멸하는 모래이다. 이와 같이 죽음이란
마음이 만든 관념이다.

우리의 본성, '있음'은 절대 죽지 않는다.

우리의 죽음은 지극히 아주 희망적이다.

몸의 죽음은 곧바로 완전한 해탈이다.

죽음은 우리의 본성, '있음'으로 가는 길이다.

죽음은 곧바로 집으로 돌아가는 길이다.

돌아가니 어쩌니 하는 말도 필요 없다.

집으로 돌아오는 인물은 없다.

'빛'이 '빛'을 바라볼 뿐이다.

죽음은 개인을 벗어난 해탈이다.

오직
'하나'뿐

There is only one

이 책이 말하는 '전일성(Unicity)'은 둘이나 그 이상이 아니다.
하지만 생각은 전일성을 분리시켜 단수를 복수로 바꾼다.
생각은 가위와 같다. 자를 수는 있지만 붙일 수는 없다.
생각은 모든 것을 분리할 뿐 '하나임'으로 돌려놓지 못한다.*

어떤 사람이 된다(Becoming)는 생각은 무지(無知)이다.
누군가 어디로 가야 한다는 생각도 어리석다.
'누군가'는 개인이며, '어디로'는 특별한 곳이다.
해탈은 없음(있음)이 없음(있음)을 바라보는 상태이다.

* 마음은 이분(二分)을 비분(非分)으로 돌려놓을 수 없다.
  사실 그럴 필요조차 없다. 왜냐하면 이분이란 겉모습이기 때문이다.
  우리는 한 번도 분리된 적이 없었고 종이가 잘려진 적도 없었다.
  가위는 환상이고 분리하는 마음도 환상이므로 다시 합칠 필요조차 없다.

중립 지대에서 바라본다는 뜻이다.

특별함과는 완전히 반대이다.

너무도 평범하면서 동시에 기막히게 멋진 '그것'이다.

그러나 구도자들은 영웅이 되고 싶고, 영적 로또에 맞고 싶고, 아무 문제없는 삶을 원한다. 모두 외부에서 얻기를 바라는 '나'들이다.

'나'들은 영적 이기주의자이다.

진실은 무엇인가?

원했던 것이 이미 주어져 있다는 사실이다.

그것은 나와 세상의 본성이 '하나임'을 뜻한다.

그러니 절대 안심하라.

나의 모든 관념과 믿음조차 '하나'에서 벗어나지 않는다.

신은
어디에

Where is God?

종교는 원래 '있음'의 비분법이었다.

시간이 지나면서 종교는 관념화되어 진리와 반대를 가리키고 있다.*

선과 악, 과거와 미래, 윤회와 열반, 현상과 실제, 창조와 피조 모두 이분법이다. 모든 문화와 종교는 선악을 구분하는 방식을 가지고 있다. 진리보다 경전만 맹신하게 만드는 지도자도 있다. 그들은 신도들에게 문제가 있다고 하며, 자신만을 따라야 구원받을 수 있다고 말한다.

---

* 진리와 거짓의 구별도 하나의 허상이다.
  진리만 별도로 존재하는 것처럼 주장하는 환상의 종교들이 많다.

우리는 모두 같은 바다의 파도들이다. 바다나 파도 모두 같은 물이다. 그러나 그들은 신도에게 물이 없다고 말하며, 복종해야 물을 얻을 수 있다 말한다. 물이 한 번도 수분을 잃은 적이 있던가? 이 사실을 알면 그들의 말은 코미디이다.

물이 물기를 얻기 위해 수행이 필요한가? 물이 수분을 얻으면 더 물기가 생기는가?

그들은 자신의 종교가 유일하며, 다른 종교는 거짓이고 위험하며 죄악이라 주장한다.

종교인들은 같은 창조의 신에게 다른 이름을 붙이고 종교 간 싸움을 붙인다. 그들의 잘못된 인도로 인류에게 수많은 전쟁이 일어나고 있다.

그들은 종교적 신념이 없는 사람들을 어둠의 자식들이라 말하며, 종교의 출발점인 모두 '하나'라는 진실보다 교세 확장을 중요시한다. 그들은 영화를 만든 감독을 절대자로 이름 붙인다. 그러나 연기와 연출 모두 '빛'이 실행 중이다.

종교에서는 인과응보가 필수이다. 인과응보는 개인 스토리를 믿는 구도자들의 마음에 딱 들어맞는다. 개인이 보상을 받는 주체가 되기 때문인데 역설적으로 스스로 창조주가 되는 셈이다.

종교인들은 초월적 존재가 우주의 경이로움을 만들어내며, 모든 에너지와 정보를 운행하는 고차원적 지성이라고 믿는다.

자동차 조립공이라면 우주 창조가 얼마나 복잡한지 쉽게 상상할 수 있다. 생태계가 얼마나 복잡한지 안다면, 인체가 얼마나 복잡한지 안다면, 두뇌가 얼마나 무한한지 안다면, 이 세상 배후에 고차원 존재가 있으리라고 쉽게 상상할 수 있다. 이 모든 복잡한 만물을 창조한 초월적 존재를.

하지만 하나의 신성을 각자의 신으로 분리하여 다른 이름을 붙이고 숭배한다면 '있음'에서 더욱 멀어지게 된다.

'있음'을 자신과 멀리 떨어진 대상으로 여길 테니 말이다.

종교인들은 초월적 지성이 아이를 보살피듯 인간을 보살피고 상벌을 준다 믿는다. 이러한 대상적 믿음은 자신이 신과 떨어져 나간 불효자라는 죄책감을 바탕에 깔고 있다. 그들에게 신은 완전성을 뜻한다. 신은 어질고 우리를 사랑하는 데 반해 인간은 죄의 근원이며 모든 나쁜 일은 악마가 만든다고 믿는다.

종교적 선악 판단으로는 어떤 것이 옳고 그른지 알 수 없다.

선악은 사회적 도구로는 유용하지만 '있음'의 차원에서는 이분법이다.

'있음'이란 이분법을 초월한 '존재'이다.

'있음'을 종교적으로 표현한다면 '신(God)'이다.

신은 '빛', 즉 '있음'이며 선악을 초월한 중도적 존재이다.

하지만 종교인들은 이러한 표현을 싫어한다. 자신과 분리된 존재로서 신을 섬기는 사람들은 한쪽에는 신, 한쪽에는 피조물로 분리한다.

종교인은 신께서 왜 악을 허락하는지 대답하기 어렵다.

신은 피조물을 보살펴 주는 존재 아닌가? 신이 악을 없애지 못한다면 그러한 신이 어떻게 전능한가? 전능하지만 악을 막을 뜻이 없다면 의도적으로 고통을 주는 것이 아닐까? 인간이 이해하지 못하는 가르침을 주기 위해 악을 허용한다면, 그 가르침은 무엇이며 인간의 고통은 누구를 위한 것인가?

한편 비분법의 관점으로 신을 조사해 보자.

신이 모든 것을 창조했다면 어둠 역시 신이 만든 결과 아닌가?

착한 사람뿐만 아니라 악한 사람도 신이 만든 결과 아닌가?

그렇다면 경이로운 신에게 모두 경배해야 한다.

우리가 어찌 감히 신이 만드신 위대한 창조물을 비판할 수 있는가?

악마 역시 신의 피조물 아닌가?

그럼에도 종교인들은 세상(사람들 포함)이 심각한 문제라고 말한다.

그러한 개인적 비판이 위대한 창조주를 믿는 태도라고 할 수 있는가?

신과 피조물 사이의 경계선은 어디에 있는가?

신을 '있음'이나 '빛'으로 표현해 보자. 이런 단어는 신보다 중도적인 표현이며 분리되는 느낌이 없다. 그런 의미로 이 책은 창조주와 피조물 사이 경계선이 없다고 말한다.

모든 것이 '하나'이며, 신은 이 '하나'와 똑같을 수밖에 없다.

모든 종교는 신을 '빛'과 '있음'으로 표현하고 있다. 불교에서는 부처님의 빛을 불광(佛光)으로 표현하며, 방위불(方位佛)은 모든 곳에 '있음'을 뜻한다. 기독교 역시 하나님은 '빛'이며 스스로 '있음(I am that I am)'이라 표현한다. 힌두교 역시 브라만의 '있음'을 '빛(Diwali)'에 비유한다. — 옮긴이

우리가 신으로부터 분리된 존재가 아니라고 말한다면, 종교인이 볼 때 신성모독이다. 하지만 이 책은 우리의 본성, 즉 '있음'을 말한다. '있음'은 신과 완전히 같다.

우리가 '있음(신)'에서 떨어진 존재가 아님을 안다면, 종교 게임은 집어치운다. 더 이상 위로를 찾아 떠돌지 않고, 신을 머릿속으로 상상하지 않게 된다.

신과 피조물은 세상 모든 곳에 있다.

신과 우주는 우리의 상상이 필요 없다.

신을 상상하는 이유는 시간과 공간, 원인과 결과를 믿기 때문이다. 구도자들은 초월적 지성을 상상한다. 왜냐하면 개인을 기반으로 '무한성'을 설명할 수 있기 때문이다. 초월적 개념으로 몇 가지 문제가 풀리며(풀리는 것처럼 보이고), 위안을 얻을 수는 있다. 하지만 이것은 개인이 만든 게임이다.

모든 피조물의 전일성을 알아채면, '있음'을 우상에 투사하지 않는다.

하나를 일별하면 오랜 관념은 단번에 무너진다.

신은 이름 붙일 수 없는 '있음'에 이름을 붙이려는 에고의 시도이다.

스크린 속 배우가 영사기의 빛에 거룩한 이름을 붙이는 것과 같다.

모든 존재가 빛임을 안다면 낡은 신념은 녹아내린다.

자신이 바로 '있음'임을 알면, 아이와 같이 천진해진다.

더 이상 자신의 상황이나 감정, 생각에 의존하지 않게 된다. 인생의 굴곡과 나쁘게 보이는 일까지 수용하게 된다.

스크린은 투사되는 영상에 관심이 없다. 스크린은 개입도, 집착도 하지 않으며, 빛 또한 그러하다.

개인은 스크린에 나타나는 영상이다. 인생이 오르내림을 알아챈다면 삶은 더욱 자연스레 펼쳐진다. 그때 나와 세상을 하나의 풍경으로 바라보게 된다.

'이것'은 중도적 확실성이다.

'하나'의 인식은 비분법의 핵심이다.

'하나'는 시간과 공간을 벗어나 있다.

'하나'는 개인을 뛰어넘어 초인적이다.

'하나'는 원인이 없으므로 비인과적이다.

'하나'는 떠나가지 않으므로 부동(不動)이다.

따라서 당신은 하나를 좇을 필요 없다. 좇아감 또한 '하나' 안에 들어 있다. 당신은 '이것'을 외면할 수 없다. 외면 또한 '이것' 안에 있다. 당신은 '이것'을 기다릴 필요가 없다. 기다림 또한 '하나' 안에 있으니까. 우리가 어떤 행동을 하든, 남들이 어떤 행동을 하든 모든 행위가 '하나'의 드러남이다.

이제 당신은 생활 속에서 '있음'을 재발견한다.

거룩한 책, 촛불도 필요 없다. 수천 년 동안 종교인들의 가르침은 모두 잊으라! 그들은 인간을 죄인이며 실패작으로 이름 붙이고 문제투성이라 가르쳐 왔다. 당신이 과연 그러한가?

무슨 기준으로 그렇게 판단하는가?

종교인들은 과거로부터 낡은 관념을 주입받았기 때문이다.

하지만 종교 역시 관념의 게임이란 사실을 간파하면, 죄악과 심판에서 벗어나게 된다.

모든 초기 종교는 죄의 개념이 없고 죄를 인정하지도 않는다. 불교에서는 멸죄(滅罪)라 한다. '죄는 본래 자성이 없다(罪無自性從心起)'(천수경). 힌두교에서도 죄를 인정하지 않는다. '인간의 죄는 없다. 대중들의 무지의 소산이다'(상카라: 베단타). 초기 기독교에서도 죄를 인정하지 않는다. '이 사람은 자신의 죄가 아닌 하늘의 영광을 드러내고 있다'(예수: 요한복음). '나는 너의 죄를 알지 못한다'(렘). ── 옮긴이

구도자들은 '나를 위해' 뭔가를 얻겠다고 몰려든다. 지도자는 구도자에게 노력하라고 다그친다. 지도자가 믿는 신을 경배하고, 지도자 방식으로 기도하고, 규칙적으로 명상하고, 그들만의 경전을 읽고, 율법에 따라 살고, 성스러운 복장과 성스러운 이름을 부여받고 살아야 한다고 주장한다. 그들은 추종자들이 받을 보상을 목표로 정해 준다.

하지만 깨달음은 특별한 과정을 통해 얻는 트로피가 아니다.

깨달음은 자신이라고 생각하는 개인으로서는 절대 도달할 수 없다.

화를 참거나, 항상 미소 짓거나, 평화로운 마음과는 관계없다. 깨달음은 모든 믿음 체계의 장막을 걷어낸 상태이다.

단지 자신이 개별적 존재가 아님을 인식한 상태이다.

자신이 '무엇이 아님', 즉 '하나임'이란 사실을 알면 깨달음이라는 허상은 사라진다.

깨달음을 수행이나 행운으로 얻는다는 미신도 사라진다.

깨달음이란 개인 성취가 아니며, 자신의 추종자에게만 진리를 전파하는 사람과는 관계가 없다.

이 책은 영적 영웅이나 체험에 관한 글이 아니다. 모두의 본성인 '있음'에 대해 말한다.

어쩌다 깨달은 자도 있겠지만 당신과 무슨 상관인가?

구도자와 깨달은 자 구분이야말로 이분법 아닌가?

'있음'이 종교의 위계질서 속에 있을까?

마음의 게임 속에 '하나'가 있을까?

윤회와 열반이 서로 다를까?

타인보다 높은 경지가 구도자의 목표인가?*

모두가 '하나'라면 타인은 어디에 있는가? 지도자와 추종자가 따로 있는가? 그들 사이 경계선은 어디에 있는가? 누가 누구를 구분하는가?

---

* 이분법과 비분법의 구분 역시 이분법이며 환영이다. 비분법은 이분법을 포함하며 서로의 경계선 역시 환영이다. 『온 바 없다Nobody Home』 21쪽 그림 참고.

누가
누구를 따르는가
Who is following who?

깨달은 스승에 대한 이야기는 끝이 없다. 구도자들은 스승처럼 환희를 경험하여 완성되고 싶어 한다. 그들은 자신이 미완성이라는 생각에 좌절한다. 깨달음을 얻으면, 모든 문제들(일상을 포함하여)이 해결될 것이라 믿는다.

우리는 문제가 생기면 항상 해결책을 찾는다. 책을 보거나, 강의를 듣거나, 모든 문제를 해결했다는 사람을 찾고, 영적 단체에 가입한다. 구도자들은 해답을 갖고 있다는 스승을 맹신하며, 무슨 일이든 시키는 대로 한다. 그들은 자신을 구원할 스승을 따른다. 구도자가 생기면 그 수준에 딱 맞는 스승이 나타난다.

그들은 자기 스승이 매우 특별하다고 믿는다.
특별해지고 싶은 자신의 욕망을 스승에게 투사시킨다.

법회의 그럴듯한 분위기에 빠지는 사람들도 많다. 회색 옷, 그윽한 눈빛, 초월적 경험, 현자들의 초상화, 향불 따위에 마음이 매료된다.

구도자들은 자기 문제를 스승이 대신 해결해 주기를 바란다. 이에 화답하듯, 해답을 아는 사람처럼 신비하게 행세하는 스승도 많다. 때로는 제자들의 감정 문제까지 해결해 주려고, 제자들의 두려움을 건드리며, 그것을 해소시켜 주겠다고 약속하는 스승도 있다.

어떤 스승은 깨달음을 구하는 제자를 이용해 자신이 원하는 일을 시킨다. 오랜 세월 동안 반복된 스승과 제자의 게임이다.

완벽한 스승이 완벽한 제자를 만들어 준다는 약속이 게임의 룰이다. 이 게임은 스승에 대한 어떤 비판도 용납될 수 없다. 일방적 게임이 진행될수록, 스승은 점점 높아지고 제자는 점점 낮아진다. 이것은 스승과 제자 사이 공식적 분리 게임이다.

그들은 개인적 게임에 완전한 구원, 거룩한 사랑, 나눔, 유일한 길 따위 이름을 붙인다.

이 게임은 '하나임'을 고차원, 저차원, 영적 인간, 세속적 인간, 훌륭한 리더, 모자란 리더로 나눈다. 이런 구분은 스승 한 명을 추앙하는 집단에서 보이는 낯익은 풍경이다.

그들은 깨달음의 본질인 비분법을 제외시킨다. 스승은 특별하고 제자는 모자란 인간으로 구분하며 본성을 부정한다. 이러한 이유로 제자들은 평생 구도자로 살게 된다. 자신의 본성을 인식하는 것보다 위대한 스승 발밑에서 평생을 살고 싶어 한다. 고대로부터 지금까지 수많은 스승과 제자들이 영적인 분별 게임에 빠져 아우성 치고 있다.*

이런 행태는 상승 욕구와 영적 위계 그리고 영적 행로를 추구하면 서 생겨난 부작용이다. 이 모두 영적 무지, 영적 이기주의, 영적 비 즈니스가 뭉쳐서 돌아가는 도판 산업이다.

영적 무지란 하나를 둘로 자르는 관점으로, 선과 악, 과거와 미래를 분별하여 '있음'과 멀어지게 만든다.

영적 이기주의란 개인적 노력으로 깨달음을 얻는다는 관점으로, 진리를 독점하여 나를 높인다.

영적 비즈니스란 스승과 제자 사이에 명백한 위계가 있다는 관점 으로, 제자는 충직한 개처럼 스승에게 복종하고, 깨달음을 얻기 위 해 급여 없이 무슨 일(개인적 잡일 포함)을 시켜도 따르게 된다.

드물지만 도판과는 거리가 먼 스승도 있다.

이런 스승은 자신을 높이지 말라 하며, 우상 숭배를 경고한다. 스승 은 자신도 불완전하며 결함이 있다 말한다. 또한 가르침(Teaching) 보다는 가리킴(Pointing)에 관심을 두라 말한다.

스승은 있는 그대로의 단순성을 보여 주며 희망을 주지도 않는다. 단지 온갖 관념의 포장을 벗겨 줄 뿐이다.

이런 스승은 주어진 대로 살 뿐, 자신(타인 포함)의 성격이나 삶의 조

* 토니 파슨스 『있는 그대로As It Is』『오픈 시크릿The Open Secret』 2000, 35쪽

건을 바꾸지 않는다. 또한 절대로 체험을 말하지 않는다. 오히려 깨달음을 구하면 그것에서 멀어진다 말한다. 또한 깨달은 자와 깨닫지 못한 자를 구분할 수 없다 하며, 영적 탐구 없이 일상을 사는 사람 모두 성스럽다고 말한다. 이런 가르침을 받은 제자들은 허구한 날 전설적인 도인 이야기로 밤을 지새우지도 않고, 자신이 체험했다고 떠벌이지도 않는다.

또한 에고를 버렸다고 자랑하지도 않고, 구원이 나팔도 붙지 않는다.

삶의 여러 가지 색깔은 '빛' 속에서 드러난다. 어둡거나 밝거나 경계가 없다. 이런 관점에서 보면, 악한 자들도 성스럽다. 영적인 게임에서 벗어나면 모두가 성인이다. 사기꾼이나 살인자도 빛 속에서는 성자이다. 삶의 어두운 측면도 거룩한 삶이다.

사랑은 물론, 분노 또한 하나가 발현된 '그것'이다.
눈앞에 펼쳐진 모든 것이 '있음'이며 주변 모든 사람이 깨달아 있다.

모든 판단은 끝났다. 선한 유령이 되려고 노력할 필요 없으며, 수행하며 힘뺄 필요 없고, 공부 모임에 들어갈 필요도 없다.

그럼에도 자신이 진리라는 스승, 사랑과 평화를 찾으리는 스승, 자신의 가르침은 깊은 영혼의 제자만 들린다는 스승, 산이나 외딴 성소에 거주하는 스승, 자신의 심장은 열려 있다고 말하는 스승들은 추종자들에게 매우 인기가 높다. *

특히 그런 스승이 희망을 주면 더욱 끌리게 된다. 평화와 개방감을 경험한다면 더욱 오해하기 쉽다. 스승처럼 나도 해탈해야 한다고 자신을 다그칠 수 있다.

그러나 명심하라. 스승 아래서 경험하는 환희는 '있음'과 관계없다. 그런 경험은 나중에 더욱 많은 혼란을 겪게 만든다. 특별한 체험은 훨씬 더 커다란 위험이다. 영적 체험은 스승과 제자, 영적 생활과 일상생활을 분리시킨다.

좋은 소식도 있다.

아무리 잘못된 스승조차 '있음'을 없애지 못한다. 오해도, 실수도, 거짓 믿음도 모두 '빛'의 드러남이니까.

제자는 스승을 통해 '있음'을 얻으려 한다. 스승이 뛰어난 외모와 권위, 그리고 지성까지 갖췄을 때, 제자의 마음은 더욱 매료된다. 이런 조건은 깨달음을 더욱 개인화시킨다.

거듭 명심하라.

스승 한 사람이 '있음'을 독점할 수 없다.

'하나'는 특별한 사람 속에만 있지 않다.

'하나'는 책 한 권에 들어가지 않고, 예루살렘이나 히말라야산 또는 불교 사원, 티베트의 성소, 시바 성전에만 존재하지 않는다.

하나는 모든 것, 모든 곳에 똑같이 비춰진다.

※ 파울라 마블리 『하나의 스승들 The Teachers of One』 2002

무한을 체험하고 싶어 하는 제자에게 자신의 성소에 함께 기거하기를 제안하는 스승들도 있다. 어떤 스승은 제자들에게 자신의 거처에서 함께 지내자고 꼬드긴다. 그러한 제안은 특별한 스승이나 특정 장소가 '하나'에 데려다줄 수 있다는 뜻이다. 이런 제안은 분리 게임을 영원히 함께 벌이자는 스승의 유혹이다.

향불, 신성한 강, 성스러운 산, 제단과 경전, 불상, 시바상, 중얼거리는 염불 따위는 집어치우리. 그런 인위적 형식은 '히니임'처럼 보이게 만드는 커다란 유혹이다.

그런 격식은 높은 곳과 낮은 곳, 성(聖)과 속(俗)을 체계적으로 구별한다. 하지만 그런 것들은 위계와 분별에 익숙한 구도자들의 마음에 딱 들어맞는 잡동사니일 뿐이다.

위계는
없다

No hierarchies

'있음'은 성자의 전유물이 아니다.

'그것'은 평범한 우리에게도 있다. 아무도 제외되지 않는다.

우리가 바로 '있음'이다. 그것은 평범하고 명확하고 자연스럽다.

우리는 '그것'을 알아보지 못하는데, 알아보지 못함 또한 연극의 한 부분이다. 연극을 심각하게 받아들이는 인물도 자신의 역할이다.

심지어 우리가 '그것'을 알아차려도 그것의 평범함, 단순함, 자명함 을 믿지 못한다.

구도자들은 고행의 드라마를 좋아한다.

그러므로 '이것'에 쉽게 도달하지 못한다.

우리는 모두 깨달아 있지만 '그것'을 보지 않는다.

하지만 '있음'이라는 편안함에 관심을 돌리면 영원한 허공에서 쉬게 된다.*

비어 있는 곳에서 쉬는 행위가 완전성이 아니다. 비어 있음이 완전성이다. 모두가 무한성의 드러남이다.

끝없는 공간은 천국이 아니며, 무한성은 세상에서 가장 평범한 '여기'이다. 무한성은 장엄한 사원이나 아름다운 석양에만 있지 않다. 삶의 실패와 죄악 그리고 고통 속에도 드러나 있다.

'있음'이 개인과 무관함을 알면, 성자뿐 아니라 옆 사람도 그것이 드러나 있다.

'하나'는 경전뿐 아니라 저속한 잡지 속에도 있다. 성속(聖俗)도 분별이다. 윤회, 열반, 해탈도 우스꽝스러운 구분이다.

공간은 빈 그릇. 우리를 둘러싸지만 특정 위치가 없다. 모양도 없고 쪼갤 수도 없다. 모든 공간이 삶의 무대이다.

물체는 공간에 있지만 공간은 위치가 없다. 스크린 영상이 영사기 빛을 조절하지 못하는 이치와 같다.
강물에 관한 책이라 해서 그 책이 축축하지는 않다.

---

* 하지만 그렇게 쉬기로 결정하는 개인이 어디에 있는가?
인식을 전환시키는 주체가 누구란 말인가?

'있음'은 내용물에 의해 깨끗하거나 더러워지지 않는다.

스크린 이미지, 영사기 빛 또한 분별이다. 토니 파슨스 『있는 그대로As It Is』— 옮긴이

공간과 내용물 또한 관념이다. 공간이 있으므로 내용물이 있고 내용물이 있으므로 공간이 있다. 공간과 내용물은 다르지 않다.

여기서 한 가지 의문이 떠오른다. 오직 하나만 있다면, 왜 사람들은 이것을 조각내려 하는가? 왜 하나를 성속(聖俗)으로 나누는가? 왜 여러 영적 방편을 만들고 있는가? 왜 하나의 무한성을 특별한 영웅에 투사시키는가? 갠지스강에서 씻으면 악업(惡業)에서 벗어날 수 있을까? 왜 사람들은 그토록 신비한 체험을 원하는가?

구도자들은 왜 경전 이야기에 끌리는가?

육체적 결합을 통해 신을 경험한다는 책은 무엇인가?

유서 깊은 사원이 과연 무한성을 체험하기 좋은 장소인가?

사람들은 왜 일상의 경험을 경시하고 영적 경험을 원하는가?

지금 살고 있는 평범한 생활이 무엇이 부족한가?

평범한 삶, 그것이 무슨 문제가 있단 말인가?

모든 관념을 버리면 일상이 해탈이다.

구도자들은 초월적 경험 후에도 여전히 분별한다.

마음은 속삭인다. '그때는 얻었지만 지금은 잃어버렸어! 다시 체험하기 위해서는 더 많은 노력을 해야 해.'

깨달았다는 스승의 자만 가득한 얼굴을 보라.

'제자들이여~ 너희들은 깨달으려면 아직 멀었다.'

본성을 알지 못하면, 평생 구도자 신세로 살게 된다. 자신을 바꾸는
노력은 본성에서 멀어지게 만든다.
깨달음은 자기 계발이나 개인적 희망이 아니다.
자신이 수리가 필요한 불량 인간이 아님을 알아차린 상태이다.
'있음'은 개인 사업이 아니다.
구도 행위는 자신에게 이미 주어진 '있음'을 쫓아낼 뿐이다.

무엇을
더 바라는가

Do you want more?

'있음'이 자명해지면 기쁨과 평화, 더 좋은 삶을 찾을 필요 없다. '있음'을 영적 도구로 삼는 일은 마음의 게임이다.

겉보기에 끊임없이 변하는 삶을 변화시키는 행동은 전혀 쓸모없다. 삶이란 항상 불안하고 변해 가며 삶에서 변하지 않는 것은 '있음'뿐이다.

인생을 성스럽게 만드는 일은 불가능하다. '있음'을 본 후 마음이 안정되고 인격이 성숙해진 느낌을 받았다면, 그런 느낌이야말로 마음이 벌이는 분별 게임이다.

'그것'을 본 다음 평범하게 살아질 때 집으로 돌아온 상태이다. '있음'은 변화나 진화가 아니다. 변하는 과정처럼 보이는 이유도 관념 때문이다. '하나'를 본 다음 개인적 성숙 과정에 매료된다면, 자신이 만든 스토리에 빠져든 것이다.

구도자는 더 나은 미래를 꿈꾸지만, 인격이나 시간도 모두 허구이며 성숙해진 느낌도 망상(Delusion)이다. 이것은 구분된 나에 대한 믿음에서 비롯된다.

이 책에서는 착각, 환상, 망상을 구분하여 사용한다. 착각은 A를 B로 보는 지각장애, 환상은 '없는 것'을 '있는 것'으로 보는 지각장애, 망상은 잘못된 믿음이다. — 옮긴이

이러한 망상은 관념의 세계에서는 쓸모 있지만, '있음'에 데려다 주지 못한다. 오히려 구도자와 '있음' 사이에 벽을 만든다. 이 벽이 허상임을 아는 순간 망상은 곧바로 사라지는데 이것이 비로 지복 (Bliss)이다.

그렇다 해서 유리벽을 매일 깨트릴 필요는 없다. 깨지는 소리에 흥분되겠지만 깨트림 역시 지속될 수 없다. 애초에 유리벽이 없음을 알면 된다.

구속의 느낌을 가진 자는 해방의 경험을 반복해서 갖고 싶어 한다. 줄을 끊어버리는 통쾌한 기분을 느끼고 싶다면 다시 스스로 묶어야 한다. 그런데 왜 그런 짓을 반복하는가? 땅에 떨어진 동전을 왜 다시 주우려 하는가? 감옥이 환상임을 알면서 해방감을 다시 느끼기 위해 감옥에 다시 들어갈 필요가 있을까?

자유와 구속 느낌 모두 무한성의 드러남이다.

이 사실을 알면 평범한 일상에 불만을 느끼지 않게 된다.

평범한 삶은 모자라지도 않고 넘치지도 않는다.

갇혀 있다는 생각은 자신을 묶은 포승줄이다. 그럼에도 수행자는 노력을 멈추지 않는다. 어릴 때부터 자신을 변화시켜야 한다고 교육받았기 때문이다. 인생을 제대로 살기 위해서는 끊임없이 노력

해야 한다는 교육 말이다.＊

노력은 교육으로는 유용하지만 '있음'에는 비효율적이다. 톱 사용법을 배우면 목수가 될 수 있고, 라켓 사용법을 배우면 테니스를 칠 수 있다. 힌두 율법을 암기하면 힌두인이 될 수 있고, 호흡을 익힌다면 요기(Yogi)가 될 수 있다. 겉보기에 모두 멋진 수행이다. 그러나 모범 학생이 '있음'에 더 가깝지는 않다.

많은 영적 스승들은 이렇게 말한다.
"나는 더 좋은 세상을 만들기 위해 시바신을 경배하고, 길고 험난한 여정을 통해 최고의 의식 수준에 도달했다."

이런 말은 유령들에게는 매혹적이다. 희망을 주기 때문이다. 뭐든 수행과제를 찾는 유령은 노력을 거듭한다. 영적인 고난 역시 구도자에게 목적이 될 수 있다. 하지만 결국 좌절하게 된다. 목표는 이루어질 수 없기 때문이며, 이루어져도 또다시 잃어버릴까 걱정을 한다.

구도자들은 깨달음을 기다려야 한다고 믿는다. 이제 동메달을 땄으니, 더욱 노력해서 금메달을 따리라 기대한다.

구도자는 희망→ 노력→ 좌절로 이루어진 쳇바퀴를 돈다. 이러한 과

＊ 토니 파슨스『그것뿐All There Is』『오픈 시크릿The Open Secret』

정은 삶이란 저절로 살아지는 '있음'이라는 진실을 회피할 뿐이다.

자신은 행위자가 아니다. 그러므로 자신이 삶을 사는 것이 아니라 삶이 자신을 통해 저절로 살아진다. 그럼에도 자신이 행위자라고 느낀다면, 유령이 운전자라고 주장하는 자와 같다. 유령이 자신에게 선택과 결정권이 있으며 그에 대한 책임이 있다고 주장하는 격이다.

때로는 다른 유령들에게 선택과 책임에 대한 결과를 떠넘기고 비난하기도 한다. 이런 것들이 인생이라 부르는 분별 게임을 구성하는 요소들이다. 우리가 삶을 사는 것이 아니라 삶이 우리를 통해 살아지는 사실을 모른 채……. *

인생이 흐르도록 놓아두라. 어떤 일을 선택하고 책임질 필요가 없다. 조작하고 바꾸려 들면 인생이 불안하고 불편해진다.

사람들은 세상을 살며 인과 게임을 벌이고 있지만,
원인과 결과, 과거와 미래 모두 관념이다.

삶을 잘 살아가는 방법은 오직 한 가지.
일어날 일이 일어나도록 그대로 두면 된다.
인생은 탐구할 필요 없다. 탐구를 꼭 그만둘 필요도 없다.

---

* '우리'라는 단어도 하나 안에서 나타나는 또 하나의 관념일 뿐이다.
  '당신', '나', '세상' 모두 관념이다.

그런데 어느 날, 탐구를 중단해도 구도자에게 다시 할 일이 생긴다. 탐구를 그만둔 목적이 있었기 때문이다. 그에게는 '인생을 그대로 수용하자'는 욕망만 있었다. 단지 그렇게만 하면 깨달음을 얻는다는 말을 어디선가 들었기 때문이다.*

구도자는 허공이 되고자 하며 이름난 구루를 모방한다.

이런 행위는 마음이 만들어낸 에고 게임이다.

구도 조건을 바꾸려는 노력도 에고 게임이다.

새로운 곳으로 옮겨도 또 다른 조건이 기다린다.

"나는 몸이 아니라 의식이로다." 하며 떠드는 말도 마음이 만들어낸 관념이다. (자기 스스로 확인한 사실이 아니기 때문이다.)

주어진 삶의 조건을 떨쳐내려는 노력은 또 다른 조건 형성이다. 주어진 조건 아래 인생을 사는 것이 우리의 숙명일 수도 있다.

그렇다면 자유란 무엇인가?

자신에게 주어진 조건을 벗어난 상태가 아니라, 유령들의 게임을 알아차린 상태이다.

유령에게 좋고 나쁜 조건이 무슨 의미가 있는가?

개인이라는 유령은 저항하지만, '있음'은 무엇에도 저항하지 않는다. 주어진 조건을 그대로 받아들이면 삶을 계획하거나 통제하지 않게 된다. 또한 영적 경험을 바라는 욕망도 사라진다.

---

* 현자 흉내를 내며 달관한 모습을 보일 수는 있다.
  그는 찾는 일은 멈췄지만, 마음의 결핍은 그대로 남아 있을 것이다.

자유(해탈)를 욕망하는 자는 누구인가?

감옥이 환상임을 안다면 감옥에 갇힌 자는 유령이다.

감옥은 텅 비어 있다.

자신이 유령임을 알아챘는데 누가 탈출을 시도하는가?

유령의 감옥을 탈출한 유령이 어디로 간다는 말인가?

추구의 끝

The end of seeking

(존재하지 않는 자가)

흰 스크린을 본다면 영사기의 빛을 본 것이다.

당신이나 내가 아니라 빛이 빛을 보는 것이다.

그렇게 되면 개인과 관계없는 '있음'이 드러난다.

배우들은 모두 무한성의 발현이다.

단테의 신곡처럼 거대한 쇼를 시작한다.

'그것'의 다양한 드러남은 분별되지 않는다.

모두가 '그것'이며 '그것' 안에서 움직이며 '그것'에서 나온다.

'있음'으로 왔다가 떠나는 것처럼 보이지만

우리는 항상 '그것' 가운데 있다.

우리의 느낌, 감각은 일시적이다.

기쁨, 우울, 고통, 해방감 모두 '있음'의 드러남이다.

'있음'이 드러나는 방식은 다양하다.
개인은 '있음'의 다양한 드러남이다.
'있음'은 제한되지 않으며 노력으로 얻을 수 없다.

'있음'은 우리의 모든 지각이며 경계선이 없다.
그러니 '나는 그것을 노력해서 얻었다.', '나는 깨달았다.'는 말을
원천적으로 할 수 없다.
그 말이 성립되기 위해서는 '그것'과 떨어져 있다가 다시 가서
'그것'을 얻은 자가 있어야 하는데, 그런 일은 불가능하다.

우리는 '그것'을 소유하지 못하고 잃어버리지도 못한다.
경계선도, 시간도 없는 '있음'을 어떻게 잃을 수 있는가?
'그것'은 잘못된 가르침에도 영향받지 않는다.
우리 본성은 모름을 두려워하지 않는다.
우리 본성은 (완전하므로) 깨달음에 대한 욕망이 없다.

비분법이나 이분법 역시 '있음'의 드러남이다. 그러니 비교도 비판
도 필요 없다.*

---

* 비분법을 말하면서 제자를 잘못 인도하는 스승조차 '하나'의 드러남이다.
  우리는 그런 스승을 비판할 수 없고, 비판할 필요도 없다.
  유령이 어떻게 다른 유령을 비판할 수 있나?

우리 본성은 모든 비교와 비판에서 자유롭다. 무엇이든 포용하는 성품이다. 유령이 다른 유령을 비판하는 일이 의미 있는가?

'있음'은 영적 체험이나 위계질서에 관심이 없다.

그것은 택시 운전보다 예배를 중요시하지 않는다.

'있음'은 맥주 한 잔을 기도만큼 거룩한 일로 여긴다.

깨달음이란 관념에 사로잡히면 다시 게임 속 인물이 된다.

초월적 경험이나 비분법 책이나 구루와의 대화로 무지에서 일시적으로 벗어날 수는 있다. '빛'이 어둠을 몰아내는 것과 같다. 어두운 방에서 스위치를 켜 보라. 어둠은 단번에 사라진다. 하지만 스크린 속 어두운 장면에도 영사기의 빛은 스크린을 계속 비추고 있다. 즉 '하나'는 항상 여기에 있다. 캄캄한 밤중에도 태양은 계속 빛을 뿌리고 있다. 빛은 꺼지는 일이 없다. 샴 왕이 다시 생선을 팔아도 왕이라는 사실은 변함이 없다.

'이것'을 한 번 알아차린 당신은 돌아갈 길이 없다.

스크린이 어두워도 '그것'은 잠시 가려져 있는 상태이다.

때로는 빛을 가리는 장애물을 궁금해하고, 장애물을 없애는 방법을 궁리한다. 이런 행동은 영적 게임으로 돌아가는 전형적인 퇴행이다.

생각해 보라! 모든 것을 수용하는 무한성이 어떻게 장애물로 가려질 수 있는가? 장애물 역시 무한성의 한 부분이다. 없앨 것은 아무것도 없다.

또한 빛 속의 형상(스크린에 나타나는 이미지들)을 외면하고 당신 주의력을 빛으로 향할 필요도 없다.

밝거나 어둡거나 모두 빛의 표현임을 알면 된다. 좋거나 나쁘거나, 좋은 사람이든 싫은 사람이든 모두 빛의 발현이다.

이 사실을 이해해도 당신은 세상과 사람들을 구분할 것이다. 그러나 구분이란 관념일 뿐 사회에만 가치 있다. 백일몽 속에는 특별한 일이 없다.

육체 감각은 매우 그럴싸하다. 감각은 그렇게 만들어졌기 때문이다. 하나의 몸속에 내가 있다는 느낌은 동전이 떨어진 후에도 그대로 남을 수 있다.

우리는 자신의 몸 안에 한 인물이 살고 있다 믿는다. 그렇게 조건화되어 있기 때문이다. 그러나 유일한 존재는 개인이 아니라 '빛'이다.*

이런 관점에서 보면 '나는 배고프다.'는 말은 '배고픔이 일어나고 있다.'로 말하고, '나는 지금 이를 닦는다.'는 말은 '지금 이를 닦는 사람처럼 보이는 것이 거울에 보인다.'로 말해야 한다. 좀 유별나

---

* 자신이 개인이며 세계의 중심이라는 생각은 지어낸 관념이다.
  그렇다고 해서 큰 잘못이란 뜻은 아니다.

게 들리겠지만 이런 방법으로 유령의 분별 게임이 중단될 수 있다.

분별은 사랑과 전쟁, 기쁨과 고통, 평화와 테러, 건강과 질병, 탄생과 사망 사이에도 존재한다. 인생이란 얼마나 다양한가? 잘 만들어진 영화일수록 사실적으로 보인다. 그러므로 분리 또한 영화의 구성 요소이다.

인생이 사실적으로 느껴질수록 매우 잘 만들어진 영화라 할 수 있다. 드라마의 가면이 벗겨져도 일상생활은 계속된다. 동전이 떨어진 후에도 영화는 사실로 보이며 필름은 계속 돌아간다.

언어 역시 몸 안에 내가 산다는 느낌을 강화시킨다. 연극 중에도 '그것'은 자명하지만 각자 대본대로 말하는 연기일 뿐. 언어 연기는 서로의 역할이니 간섭할 일이 아니다.

사람의 기질은 바꿀 수 없으며 행동 역시 바꿀 수 없다. 그들은 부여받은 역할을 연기할 뿐이다. 단일한 존재는 자신으로 착각하는 배우가 아닌 영원한 '빛'이다.*

이렇게 저렇게 행동하는 사람이 있다면, 그 사람은 이렇고 저런 사

---

* 자신이 구분된 개인이라는 생각과 세상의 중심이라는 느낌은 하나의 관점이다.
  그렇다 해서 심각한 문제는 아니다.

람일 뿐이다. 세상과 모든 인간을 그대로 허용하면 판단과 심판은 저절로 사라진다. 당신과 나의 스토리, 세상 스토리, 정치, 종교적 도그마도 문제 되지 않는다. 동전이 떨어진 후 찾는 자가 사라진 덕분이다.

분리된 당신이 유령임을 알면 영적 생활은 의미가 없다. 동전이 떨어진 후 삶이 가벼워지지만, 그것은 보상도 아니며 깨달아서 가벼워졌다는 뜻도 아니다. 세상에 개인저 일이란 없으므로 모든 게인적 권리나 의무도 없어진다.

깨달음이 주는 특별선물은 없다. 어떤 스승도 제자에게 깨달음을 인증할 수 없다. 깨달음은 기준이 없다.

'있음'은 특별한 상태가 아니다.
'있음'은 시간, 공간이 없으므로
나타나고 사라지지 않는다.
'그것'은 근원 없는 빛이므로
모양이 없다.
그냥 있는 그대로일 뿐.

'그것'을 마음의 길, 영혼 구원이라 표현할 수 있지만, 그런 말은 편만(遍滿)한 '그것'을 특정한 곳에 묶어 두는 마음의 트릭이다.

'있음'은 개인적 느낌이나 정서와 상관없다. 공기 중 에너지를 잡아내는 기술도 아니다.

어떤 스승은 쾌락과 고통, 만족과 좌절을 중립적으로 봄으로써 정신적 방황을 끝내라고 가르친다. 그것 또한 망상이다. 정신적 방황 역시 '있음'의 드러남이다.

모든 판단을 버린 사랑의 느낌이나 그러지 못하는 좌절감이나 모두 망상이다. 단일한 '의식', 즉 '있음'은 아무것도 상관하지 않는다. 모든 개인적 노력이 사라질 때, 욕망과 두려움조차 저항 없이 펼쳐진다. 개인이 관념임을 알면 생각은 흘러간다. 그럴듯한 내면적 대화 역시 떠내려간다.

이러한 통찰은 에고가 받아들일 수 없다. '이것'은 에고의 이해력 너머에 있다.

'있음'은 개인이 얻을 수 없으므로 찾는 자는 다른 방법을 찾는다. 그것을 미래의 성취물로 여기며 온갖 믿음으로 이야기를 지어낸다. 그러나 '있음'은 생각에 의존하지 않으며 개인과 시간에도 의존하지 않는다.

이 진실을 알면 개인적 가면이 벗겨진다. 취향과 개성을 가졌다고 버티는 개인이 어디에 있단 말인가?

그럼에도 관념의 쇼는 계속되며 자신의 기억과 감정, 취향과 희망은 여전히 존재하는 것처럼 보인다. 하지만 이러한 백일몽의 구성 원리를 알아차리면 훨씬 더 큰 '하나'가 눈에 들어올 뿐이다.

존재하지 않는 당신의 눈에.

삶은
계속된다

Life goes on

'있음'은 목표물이 아니다.

탐구를 통하여 '있음'을 열고 싶겠지만, 탐구는 '있음'을 닫게 만든다.

나와 '있음' 사이에 벽은 없다.

그러므로 '있음'에서 멀거나 가까워질 수 없다.

우리가 '있음'이기 때문이다.

개인적 노력이나 과정은 '있음'에 데려다줄 수 없다.

'있음'이 그대로 인식될 때 신성한 언어 또한 힘을 잃는다.

언어는 '하나'를 가리킬 수는 있지만 '하나'가 될 수는 없다.

'있음' 안에는 모든 것이 신성하다.

지금 이대로 우리가 '있음'의 완벽한 드러남이다.

'있음'은 매력도 없고, 후광도 없으며 축복도 아니다.

그런 것을 기대했다면, 필연적으로 실망하게 된다.

'있음'은 거룩하지도 않다. 그것은 선악에서 벗어나 있으며 더 훌륭한 사람이 되는 것도 아니다. '이것'은 모든 것을 뛰어넘고, 모든 것을 허용하고, 모든 것을 포함하는 '그것'이다.

해탈은 우리를 무관심하게 만들지 않는다. 그것은 모든 위계질서를 사라지게 만든다. 개인적 이야기와 망상은 지속되겠지만 더 이상 문제 되지 않는다.

스크린에 보이는 영상은 자신이 아니다. 매우 사실적이며 개인적으로 보일수록, 그 영화는 우리가 아니다.

여전히 개인은 세상 속에서 움직이지만 이제부터는 하나의 광대한 풍광이 펼쳐진다. 이것은 하나뿐인 연기자가 80억 명의 모습으로 분장해 출연하는 거대한 드라마이다.

'이것'을 신들의 춤[神曲] 또는 조건 없는 사랑, 하나가 비춘 반영이라고 말할 수 있다.

하나를 굳이 말한다면, 보이는 것을 보고 느껴지는 감정을 느끼고, 떠오르는 생각을 허용하고, 타오르는 욕망이 타오르도록 하며, 인위적 관념 역시 허용하고, 부지런한 사람은 부지런하게, 게으른 사람은 게으르게 허용하는 것이다. 그렇게 허용하는 데 있어서 신비한 비밀도, 마술 열쇠도, 놀라운 능력도 필요하지 않다.

셋

'하나'의 본성에 관한 대담

Dialogues on the nature of Oneness

'하나'의 본성에
관한 대담

Dialogues on the nature of Oneness

'있음'에 대해 말하기는 매우 어렵다. 그럼에도 '존재'에 관한 대담은 계속된다. 대화 중 친숙하면서도 잡을 수 없는 광대함이 동시에 일어난다.

모든 것이 '있음'을 바탕으로 인식된다.

나는 개인적 이야기보다 모두에게 주어진 것에 초점을 둔다.

그것은 우리의 존재이다. '그것'은 어떤 말로도 표현할 수 없다.

깨달음에 관한 이야기는 불가능하다. 그것은 개인적인 것도 아니고 깨달음 여부도 모호하며, 각자 깨달음이 다르게 보이기 때문이다.

깨달으려면 아직 멀었다는 사람들이 많다. 깨달음을 개인적이며 시간적 성취물로 보기 때문이다. 특정 스승이 비분법을 명확하게 인식했다는 소문도 떠돈다. 그런 스승과 함께 있으면 자신의 본성을 알 수 있다 기대한다. 스승의 열기 덕분에 자신이 타오른다고 생각한다. 우스꽝스럽지 않은가? 이런 이야기는 분별을 더욱 강화 시키는 트릭이다.

'빛'은 아무것도 필요하지 않고, 빛은 다른 빛이 필요 없고, 아무것 도 요구하지 않는다. '빛'을 바라보는 것은 오직 '빛'뿐이다. 어떠한 개인적 믿음이나 행동으로 빛을 바꿀 수 없다.*

위대한 스승을 모시며 백일몽에서 깨어났다는 구도자들이 있다. 그들은 스승과의 만남으로 자신이 깨달았다고 생각한다. 이러한 이야기는 찾는 자들에게는 매혹적이다. 하지만 이 또한 영적 물질 주의이다.

영적 삶을 위해 일상을 포기하는 사람도 있다. 인도의 영적 구루를 찾아가 그의 발밑에서 깨달음을 추구하며 일생을 보낼 생각을 한 다. 개인적 관점으로 보면 성자의 빛이 자신에게 옮아 붙을 것 같 지만, '빛'은 옮겨가지 않는다. 빛은 누구에게나 매일 비추고 있다. 필자는 위대하다는 스승들을 많이 만나 보았다. 하지만 그들이 모 두 '이것'을 알아본 사람은 아니었다. 제자를 샛길로 데려가는 스 승도 많았고 대부분 자신이 잘못됐다는 사실조차 모르고 있었다.

---

* 백일몽을 꾸는 사람과 깨어난 사람을 구분한다면 그것 또한 이분법이다.
  그럼에도 '있음'은 어떠한 구분도 문제 삼지 않는다.
  백일몽을 꾸는 사람이나 깨어난 사람 모두 '있음'이다.

위계질서를 강조하는 스승은 제자에게 화두(話頭)를 준다. 그렇다 해서 그런 스승이 틀렸다는 말은 아니다. *

때로 솔직한 스승도 있었지만 자신도 풀지 못하는 화두를 제자에게 맡기는 스승도 있었다. 그중에는 지금까지 친구로 지내는 사람도 있다.

앞으로 읽을 대담 내용에 공감하거나 반감을 가지거나 지식을 확인할 수도 있다.

대담자들은 다양한 배경에도 불구하고, 모두 '있음'이라는 진실에 동의한다. 하나의 '의식'이 여러 가지로 드러날 때 독자들은 매혹될 수 있다. 반면 반복되는 말은 짜증날 수 있다.

이 책은 깨달음에 대한 혼란을 완전히 해소하거나 그렇지 않을 수도 있다. 대화 중에 깨달음을 개인화시키는 미묘함이 보일 수 있고, 어떻게 행동해야 한다는 주장이 보일 수 있다. 말은 관념이므로 이런 부작용을 피하기 어렵다. 이 대화록은 하나를 묘사하는 언어가 아니라 하나를 가리키는 언어이다.

어떤 대화에서는 '하나'가 개인 트로피처럼 보인다.

그러나 '그것'을 노력으로 얻은 사람은 없다.

때로는 얀이 스승을 통해 깨달은 사람으로 보일 수 있다.

사실이 아니다.

모든 수행자 스토리는 마음의 속임수이다.

---

* 비분(非分)을 말하면서, 제자들에게 특정한 과제를 주고, 시비를 따지는 스승들도 많다. 나는 지금 이러한 스승들을 폄하하는 것이 아니다.

유령이 유령과 만났다 헤어졌다는 이야기일 뿐.

대화 중에 깨달음이 개인적으로 들리기도 한다.
그러나 깨달음은 자신이나 타인이나 어떤 스승과도 관계없다.
이 대화는 '있음'이 '있음'을 스스로 인식하는 이야기일 뿐이다.

얀은 '있음'에 들어갔다 나오기를 반복하고 있었다.
그것은 착각이었다.
토니를 만나기 전까지 특별한 경험을 찾고 있었다.

동전이 떨어진 후, '하나'만 존재한다는 사실을 알았고,
그것을 성취하는 얀이 애초에 없음이 명백해졌다.

깨어난 후에도 (깨어날 얀이 없는데 이런 말은 어색하다) 이야기는 계속됐
지만 영적 추구는 완전히 끝나버렸다.
얀은 연기하는 유령처럼 보였고 세상에 어떤 목적이나 의미가 없
게 되었다. 얀은 더 이상 할 일도 없고, 갈 곳도 없게 되었다. 모든
율법의 의미도 사라졌다. 하지만 구도자들은 이러한 결말을 좋아
하지 않는다.

수행이란 이미 자신이 있는 곳을 찾아 떠도는 구도자의 노력이다.
그럼에도 수행에 끌리는 이유는 무엇인가?
자신이 결핍됐다 믿으면서 해결 방법을 찾기 때문이다.

이미 존재하면서 존재하기를 연습하는 노력은 쓸모없는 짓이다.
'있음'에는 노력이 필요 없다. 또한 노력을 그만둘 필요도 없다.
노력하지 않으려는 노력도 똑같이 쓸데없는 노력이다.
그래서 얀은 독자들에게 아무것도 권장하지 않는다.

'지금 여기 있으라.', '평상심이 도(道)이다.' 같은 거창한 구호도 외치지 않는다. 나는 독자들을 향상시키는 데 관심이 없다. 자신으로 생각하는 당신은 유령일 뿐이며 당신의 본성, 즉 진짜 당신은 이미 '있음'이다.

유령들은 게임을 진짜로 보이게 만드는 속임수의 명수이며 개인 연기에 끝없이 빠져든다. 유령들은 누가, 왜, 어떻게 등을 끊임없이 물어보며 모든 관심을 개인에 맞춘다.

그러나 '하나임'은 어떤 개인에게도 관심이 없다.
노력이 필요 없는 '그것'은 세상사에 개입하지 않는다.

우리 모두는 빛이다. 그렇다 해서 고차원적 존재는 아니다.
이 책에서 '그것'을 알아낸다는 생각은 버려라. '있음'은 이해될 수 없다. 그것은 존재의 동력이지만 당신과 붙어 있기 때문에 그것을 알아볼 수 없다.
'그것'은 완전한 수수께끼이다. '그것'은 어디나 있고 언제나 있다.
있는 것은 오직 '그것'이며, '그것'이 바로 '이것'이다.

그것은 단 하나만 있는데, 여러 가지 형상으로 보일 따름이다.

나와 당신, 세상의 진화 스토리 모두 거대한 연극의 일부분이다.

'하나'에는 시간과 공간이 없기에 인류의 문화적, 영적, 물리적 진화조차 없다.

그럼에도 인류는 진화한 느낌이 있다. 영화는 과거나 미래에 의존하기 때문이다. 이런 이유로 마음은 계속해서 시간과 공간을 만들어낸다.

모든 이야기는 세상을 진짜처럼 보이게 만드는 거대한 각본이다. 이 사실을 안다면 깨닫기 위한 시도가 사라진다.

(자신으로 생각하는) 인격은 바꿀 필요가 없다. 아무도 바꿀 필요가 없고 아무도 바뀔 필요가 없다. 모든 사람들이 '있음'의 드러남이니까.

당신은 개인이 아니므로 더 이상 외롭지 않다. 모두 '하나'이므로 타인도 없다. 세상은 하나로 연결되어 있다.

분별이 완전히 사라졌다고 마음이 항상 기쁜 상태는 아니다. 무엇이 이렇게 저렇게 되어야 한다는 믿음만 없어질 뿐.

내가 '있음' 속에 있다고 자랑할 필요도 없다. 그런 말은 우스꽝스럽다. ('있음'에 속할 개인이 없으므로)

얀이란 개인은 '그것'과 관계없고 당신을 '하나' 안으로 끌어들일 수도 없다. 얀이든 당신이든 아무도 바꿀 필요가 없다.

모두 '그것'뿐인데 누가 누구를 바꾼단 말인가?

동전이 떨어지면 괜찮은 일이다. 반대로 백일몽을 계속 믿어도 괜찮다. 이 책을 읽는 구도자들은 맥이 빠질 수 있다. 내가 깨닫는다는 생각이 없어지기 때문이다.

하지만 분리된 개인의 정체를 알아차린 덕분에 영적 게임을 끝내고 진정한 삶의 흐름을 타게 된다. 마치 인생이 표류하는 것처럼 보일 수 있지만, 그런 개인은 없다.

자신의 본성을 찾을 사람은 아무도 없다. 보이는 모든 것이 본성이다. 자신을 이끌어 주기 바라는 구도자도 있겠지만 본성이란 단순한 '있음'이다. 오직 '이것'만 있을 뿐.

토니 파슨스 *Tony Parsons*

- 영국 출생. 아드바이타 베단타(Advaita Vedanta) 비이원론의 본질에 관해 주로 강연하는 네오 아드바이타 철학의 대가이다.
- 그는 현실의 비이원적이고 비인격적인 본질을 정의하고 영적 달성으로 이어지는 과정에서 신념의 이분법을 드러내고 있다.
- 영국과 국제적으로 활동하고 있으며 그의 책은 많은 나라에서 출판되었다.
- 저서로는 『The Open Secret』 『As It is』 『Invitation to Awaken』 『Nothing being Everything』 『This Freedom』 『All There is』 등이 있다.

www.theopensecret.com

누군가 깨달았다 말한다면,
세상 사람들에게 '나는 숨 쉬는 사람이야!'
외치는 어리석은 사람입니다.
깨달음은 힘들게 수행하는 과제가 아닙니다.
노력하여 얻을 것이 없다는 깨달음 외에는 깨달을 것이
없습니다.

– 토니 파슨스

기한 없는
초대장

The invitation is always there

토니 파슨스와의 첫 번째 대담, 영국 런던, 2000. 1. 15.

안 구도자들은 깨닫기 위해서 이렇게 수행하고 저렇게 살아야 한
다고 주장합니다. 그런데 당신은 모두 필요 없다고 말하더군요.

토니 파슨스(이하 TP) 인생을 바꾸려는 노력이 장애물이지. 해탈은 지
금 이루어져 있어. 단순히 지금 앉아 있으면 해탈이라고. 그냥
여기 있으면 돼. 어떤 사람이 되거나 무언가를 바꾸지 않고 말
이지. 놀랍지 않은가? 우리는 이미 '이것'을 갖고 있어. 우리 안
에서 '이것'을 다시 발견하면 된다네. 해탈은 찾는 물건이 아니
고 미래에 얻는 보상도 아니야. 이것이 바로 그것이야!

안 당신 모임이나 책 『오픈 시크릿*The Open Secret*』은 아무 도구도
주지 않아요. 오히려 구도자들의 신념을 부수고 모든 희망을 빼
앗죠. 게다가 과제도 주지 않아요.

TP 그런 것들이 바로 깨달음을 방해하는 짓이야. 예를 들어, 찾아
다니거나 집착하는 수행 말이지.

안 런던에서 처음 만났을 때 내게 말했죠. 바로 이것!(This Is It!) 나는 한 방 먹었죠. 그리고 갑자기 깨달았어요. 어디로 갈 필요가 없고 정화(淨化)도 필요 없다는 사실을.

TP 그랬었군.

안 수행자들은 아직도 자신이 깨달음에 이르지 못했다고 생각해요. 당신은 여기가 그곳이라 했는데, 그들은 여기에서 그곳을 찾지 못한다고 합니다.

TP 사람들은 '그것'이 지금과 달라야 한다고 생각한다네. 뭔가 일어나기를 바라고 있어. 어떤 경험을 기대하고 지금과 다른 뭔가를 원한단 말이야. 그들은 '이것'과 사랑할 준비가 되어 있지 않아. 이건 너무나 평범하니까 불꽃이 펑펑 터지는 황홀경을 원하고 있어.

안 신비적 문화 영향 아닐까요? 경전에는 신비한 스토리로 가득 차 있어요. 높은 경지에 도달한 성자들이죠. 그런 책을 읽으면 완전한 만족을 원하게 됩니다. 기대감이 점점 커지면서 자신과 멀어지고 결국 좌절하게 되죠. 스승은 제자들의 문제점을 집어주며, 영적인 기대감을 키우고 자신의 해탈을 은근히 암시합니다. 자신은 모든 문제를 해결했다고 말이죠.

TP 깨달아도 문제는 그대로 남아 있다네. 차이점이란 더 이상 문제를 가진 개인이 없다는 점이야. 해탈은 완벽함과는 관계가 없지. 그럼에도 영적 분야, 소위 도판에는 수많은 무지가 판을 친다네. '깨달은 자'라는 말부터 잘못된 말이야. 왜냐하면, 깨달음이 이루어지려면 먼저 깨달을 사람이 사라져야 되기 때문이지.

깨달음은 그냥 일어나는 거야. 정해진 조건이 없어.

얀 그러게 말이에요.

TP 깨달음에 대한 오해는 동양에서 비롯된 것이 많다네. 좋은 소식
도 있지. 요즘은 평범한 스승들이 서양에서 나타나고 있어. 그
들은 친구와 이야기하듯 편하게 말하지. 깨달음이나 해탈이란
말 대신 '이것'을 그냥 나눈다네. 우리는 모두 신성이 있다고.
그럼에도 우리 마음은 영적인 영웅들에게 꽂혀 있다네. 구도자
는 더욱 혼란해지고…….

얀 그렇군요.

TP 구도자가 깨닫게 되는 건 자신은 스승 같은 영웅이 될 수 없다
는 사실이야. 그래서 나는 이렇게 말하지. 당신이 '그것'.

얀 『오픈 시크릿』에서도 말씀하셨어요.

TP 맞아. 누구도 깨달을 수 없다고 했지. 모두 깨달았기 때문이야.
깨달은 사람이 어떻게 또 깨달을 수 있겠는가? 깨달음에 관한
또 한 가지 오해가 있다네. 깨달은 자는 모든 것을 알고 모두
용서하며 영원한 평화 속에 산다는 믿음이지. 이거야말로 망상
이야.

얀 왜 제자들이 그런 말을 하게 놔두죠? 왜 자신을 우상화하는 일
을 허용하나요? 아니면 스승도 그렇게 믿고 싶은 건가요?

TP 추종자가 워낙 몰리니까 그런 식으로 돌아간다네. 너무 많은 사
람들이 기대하다 보니 스승이 이상화되고.

얀 그런 일들은 모든 도판 역사에서 일어났어요. 스승은 제자에게
무한한 기대와 믿음을 주었죠. 하지만 이런 믿음 체계가 진실을

가로막고 있잖아요?

TP 크게 보면 잘못이랄 것도 없지. 많은 제자들이 스승 한 사람 곁에 빙 둘러앉아 도취되어 있는 장면을 상상해 보게. 이것도 '의식'이 게임을 벌이는 거야. 이것 역시 '의식'이라고! '의식'이 얼마나 그런 유치한 게임을 원하는지 보여 주잖아. (하하) 어쩔 수 없다고.

얀 아이러니네요.

TP 요즘 재미있는 일이 벌어지고 있어. '그것'을 그냥 이야기하는 사람들이 생기고 있지. 아주 평범하고 단순한 방법으로 '그것'을 알아채는 사람들이 늘어나고 있다네. '의식'이 이제 다른 게임을 즐기는 중이지.

얀 반대로, '그것'을 얻기 위해 준비하는 사람들도 많아요. 시간에 대한 믿음으로 언젠가 깨달음을 얻을 것으로 생각하기 때문이겠죠?

TP 반면에 새로운 견해를 받아들이는 사람들도 생겨나고 있다네.

얀 '단 하나의 의식' 말이죠? 이것은 아드바이타 베단타(Vedanta)의 핵심입니다. 하지만 대다수는 각자 별도의 의식이 있다고 합니다. 자신의 생각은 알지만 옆 사람 생각은 모르니까요. 그러면서 '의식'은 몸 안에 있다고 말합니다. 자신의 두통은 느끼지만 옆 사람 두통은 못 느끼니까요. 사람들은 80억 명만큼 80억 개의 '의식'이 있다고 믿는 겁니다.

TP 그렇다네.

얀 사람들은 이렇게 말하겠죠. "세상에 어떻게 하나의 '의식'만 있어? 각자 다른 방식으로 사는데 말이야."

TP 사람들은 노란 벽지도 '나'의 노란색이라고 말할 거야. 그런데 그렇게 느끼는 것도 '의식'이지. '의식'이 여러 사람을 통해 각자의 방식으로 살고 있는 거야. 이를테면 '의식'은 토니의 형상을 통해 살고, 토니는 모든 것을 창조하는 빛이지. 우리 모두 이러한 창조물(= 피조물)을 통해 살고 있는 신이라네.

나와 하나님은 하나(기독교), 중생 즉 부처(불교), 니의 브리만은 히니. 범이일여(힌두).
— 옮긴이

의식이 한 명 한 명을 통해 사는 거야. 그것은 모두 '있음' 안에 포함되지. 그렇기 때문에 우리는 이 방에 앉아 있고, 이것이 피조물이야. 다른 건 아무것도 없어. 모두 시간, 공간을 넘어선 피조물인데 토니가 특별하게 느껴지는 거야. 그러니까 바로 '이것'이지!

우리는 각자를 통해서 살고 있는 단일한 '의식'으로서 얀과 토니의 세상을 창조한다네. 옆 사람의 두통이 나에게 영향을 줄 수 있지만, 그것 역시 단일한 의식의 결과란 말일세. 옆 사람이 어떻게 느끼는지는 알 수 없지만…….

얀 자신의 몸은 느끼지만 타인의 몸은 느끼지 못하니까 개인이라는 느낌이 생겨났겠죠.

TP 깨달음 후에는 개인이라는 느낌조차 사라진다네. 단지 의식만 있게 되지. 동양에서는 독심술이 있지만 깨달음과는 관계가 없다네.

얀 지각하는 모든 것은 '의식'이라는 뜻이군요.

TP 깨달음 후에는 개인적 관점이 없어져 버리지. 나와 타인 사이 경계가 없어. 내가 바로 '그것'이니까. 그렇다고 타인의 두통을 느끼지는 않아. 그럴 필요도 없고. 내가 '그것'이란 사실로 충분해. 이런 말도 우습지? '전부 그것'이니까.

얀 그렇군요.

TP (웃음) 모든 것, 그러니까 그냥 모든 존재가 깨달음이고 해탈이야.

얀 『오픈 시크릿』에서 당신은 런던 공원을 걷고 있었죠.

TP 그때가 스물한 살이었지.

얀 당신은 책에서 말했죠.

> 시간이 사라진 세상이 드러났다.
> 나는 그 속으로 사라졌고 더 이상 경험자는 없었다.
> 모든 것이 하나였다. 압도적 사랑과 시간 없는 빛 속에서
> 이것이 일어났다. 그 순간이 영원으로 느껴졌다.
>
> ─『오픈 시크릿』 19쪽

이런 묘사는 개인에게 일어난 사건처럼 들리네요. 인생을 바꾼 초월적 경험. 이런 글 역시 독자에게 기대감을 일으키겠죠?

TP 그건 그럴 거야.

얀 다른 관점도 가능해요. 그것은 빅뱅 같은 사건이 아니라 역동적인 정신 작용이었어요.

TP 제대로 이해했구먼.

얀 평소 나는 분리된 개인처럼 느껴지고 가끔 '그것'을 알아차리죠. '그것'은 『오픈 시크릿』에서 말한 '의식'이겠죠? 일상에서 '하나'를 재인식하는 겁니다. 이때 모든 질문이 사라집니다.

TP 사라지기보다는 원래 없는 것이야.

얀　저는 특별한 영적 경험은 없었어요. 허전하다 느꼈지만 '그것'을 알게 되니 이미 다 있더군요.

TP　물론이지.

얀　자신을 분리된 개인으로 인식하는 동안조차 '그것'은 그대로 있어요. 개인적인 꿈 같은 게임은 '의식'의 연출입니다.

TP　깨달음 후에는 게임조차 문제없다는 사실을 알게 되지. 다만 바뀐 것은 내가 어디로 가야 할지, 무엇을 해야 할지 생각하지 않네.

얀　자신이 제한된 존재라는 느낌을 가질 때가 있어요. 반대로 아무런 경계가 없다고 느낄 때도 있죠. 내가 모든 것이 되는 순간입니다. 그때는 모든 질문과 답변이 없어집니다.

TP　바로 그렇다네.

얀　그러니 마음이 왔다 갔다 해도 문제가 없어요. 그런 경계를 만든 것 역시 마음이죠. 그러므로 영원히 시공을 초월할 필요가 없습니다.

TP　(하하) 이제 도인 다 됐구먼.

얀　원래 쉬운 겁니다.

TP　모든 것이 제자리에 있지.

얀　하지만 무한성을 느끼지 못할 때는 무슨 이유죠?

TP　다시 분리된 개인으로 돌아가는 순간이겠지. 토니와 커피를 마시는 얀이라는 사람으로 말이야. 이건 자신이 한정되어 존재한다는 망상이야. 자신이 어디에 구속되어 있다는 느낌이 다시 일어난 상태이지.

얀　그 역시 마음이 만들어낸 관념이군요.

TP '그것'은 늘 일어나는 일이고 괜찮지 않은 일은 없다네. (하하) '그것'이 그래서 좋은 것 아니겠나?

얀 하지만 마음은 이런 진실을 믿지 못하죠. 할 일도 없고, 얻을 것도 없고, 갈 곳도 없다는 생각은 받아들이기 힘들죠. 그렇게 되면 희망이 없잖아요?

TP 그래서 '이것'이 혁명이지. 구도자를 꼼짝 못하게 만드는.

얀 '이것'을 받아들여도 괜찮고, 그렇지 못해도 괜찮네요?

TP (웃으며) 대박 아닌가! 그래서 혁명이야. 바로 이거! 사람들이 다 아는 것. 여기 있는 이유가 바로 그것이야. 여기에 '그것'밖에 없어.

얀 그럼에도 찾는 자는 영적 목표를 이루고 싶어 하죠. 그런데 당신은 희망을 가차 없이 깨뜨립니다. 할 수 있는 일이 전혀 없다며 깨달음이라는 허상을 없애 버리죠.

TP 맞는 말이네.

얀 스승이 '있음'에 데려다줄 수 없고, 그것을 선물로 줄 수도 없지요. 그러나 믿음 체계를 없애 줄 수는 있잖아요? 스승은 제자를 강가에만 데려다준다는 격언처럼 말이에요.

TP '그것'을 보려면 정화하고 수행해야 한다는 믿음부터 없애야하네.

얀 나는 한마디(바로 이것!)로 번쩍 눈을 떴어요. '이것'이 이해 없이 가능하다면 강연조차 불필요한 과정 아닌가요?

TP 이해한 후 '그것'을 보는 경우도 있지. 물론 단번에 찾으면 이해는 저절로 된다네. 나는 말하지. 당신에게 희망이 전혀 없다는 스승을 만나라고. 깨달음을 위해 무엇을 하면 할수록 헛짓이야.

얀 이것저것 시키는 스승을 만나면 평생 쳇바퀴를 벗어날 수 없군요. 당근과 채찍에 날뛰는 당나귀처럼.

TP 맞아. 당근도 나고, 채찍도 나고, 모두가 나라는 사실을 모르기 때문이야. 먼저 구도자를 꼼짝 못하게 만들어 좌절시키면 그때 바로 '이것'을 깨달을 수 있지. 참 희한한 일이야. 희망이 완전히 사라질 때 절정이 온단 말이지. 모든 것을 내려놓을 때 '그것'과 사랑에 빠지니까.

'있음'과 사랑에 빠지면 모두 가지게 되는 거야! '이것'은 전부이기 때문에 잃어버릴 수도 없어. 이 초청장은 이미 주어져 있고 영원히 떠나지 않아.

얀 하지만 사람들은 특별한 초청장을 찾고 있어요. 명상을 하거나, 석양을 바라보며 '하나'를 체험하고 싶어 하죠. 하지만 '하나'는 수많은 문제와 고통까지 포함합니다.

TP 그 당시 공원에서 나는 '그것'에 둘러싸여 있었지. 모든 것이 바로 '그것'이라는 진실이었어. 사라지지 않고 유효 기간도 없는……

얀 『오픈 시크릿』에서 우리가 눈을 떠야 한다고 말했죠? 분리된 개인이라는 꿈에서 말이죠. 그건 상식과 반대였어요. 우리 모두 개인이라는 생각이 상식입니다. 상식을 부정하는 사람은 정신병원에 있겠죠. 사람들은 자신을 몸속에 살고 있는 개인으로 생각합니다. 그래서 나도 몸 안의 개인을 찾아보았는데, 아무것도 찾을 수 없었어요.

TP (하하) 정말?

얀 (자기 몸을 손으로 가리키며) 정말이라니까요? 이 안에 누가 있는지 아무리 찾아봐도 보이지 않았어요. 그럼에도 사람들은 내가 개인으로 보이겠죠.

TP 나도 청중들에게 몸 안에 든 사람을 찾아보라고 시킨다네. 그러면 사람들은 한참 찾다가 아무도 없다는 사실을 알게 되지. 지금 앉아 있는 토니와 얀은 전일(全一)한 '의식'뿐이라네.

얀 우리도 슬슬 정신병자가 돼가고 있네요.

TP (하하) 맞아. 완전히 미친 거지.

얀 이 정도면 정신과 의사도 두 손 들겠죠.

TP (정색하며) 워크숍 도중 어떤 사람은 자신의 몸에 아무도 없다는 사실을 알아차렸지. 자신의 존재가 순수한 '의식'이라는 사실을 말이야. 그때 나는 묻지. "당신은 마음인가요? 지금 당신은 몸 안에 살고 있나요? 그냥 있어 봐요. 기분이 어때요?"

얀 몸 안에 아무도 없다는 사실을 확인할 때까지 말이군요.

TP 하나의 과정은 아니고, 시간을 벗어난 질문이지.

얀 그런데 아무 할 일도 없고, 얻을 깨달음도 없고, 갈 곳도 없다면, 청중들은 왜 당신 책을 읽고 모임에 나오는 거죠? 당신도 모순 아닌가요? 할 일이 없다고 말하면서 강연하는 행위 말입니다.

TP 어떤 청중은 "당신은 목적도 없다면서 지금 뭘 하고 있는가?" 하고 묻지. 그럴 때 나는 그냥 '의식'을 알아차리라 하지. '의식'이 여기에 있다면, 그 사람 역시 여기에 있을 테니.

얀 청중들이 당신을 부러워하거나 시기할 수도 있어요. 런던 파크에서 일어난 일에 대해서요. 그리고 중얼거리겠죠. "토니는 지금껏 내가 찾지 못한 것을 찾았네. 당장 토니를 만나 봐야겠다."

TP 그건 맞는 말이네.

얀 또 중얼거리겠지요. '토니는 깨달음을 얻었는데 나는 그렇지 못해. 나도 토니처럼 되고 싶어. 그럼 모든 문제가 해결될 텐데.' 이런 식으로 사람들은 해탈을 기대합니다. 그 사람은 영적 목표가 생기고 당신을 모방하기 시작하겠죠.

TP 나는 특별한 경험을 바라지 말라고 한다네. 나는 깨달았고 그것은 얻기 힘들다고 말하지 않아. '그것'이 특별하게 들리고 실제로 특별할 수 있지만, 오히려 평범하다네. 깨달음이 아주 서서히 일어나서 자기도 모르게 이미 그것에 들어가 있는 사람도 있다네. 뒤늦게 알아차린 케이스지.

얀 구도자들은 여전히 영적 경험을 기대합니다. 깨달음은 축복이며 완전한 자기실현이라는 말을 들었으니까요. 그래서 특별한 경험을 하지 못하면 좌절합니다. '그것'을 얼핏 보았지만 잃어버렸다며 다시 찾기 위해 노력합니다.

TP 그건 그렇지.

얀 책을 읽고, 명상하고, 음식도 절제하고, 영적 구루를 찾는 사람들이 많아요. 그런 사람에게 할 일이 없다고 말한다면, 더욱 좌절할 수도 있잖아요?

TP 산책 경험을 책에서 빼 버렸으면 혼란이 없어졌을까? 그래서 최신판에서는 "깨달음을 얻기 위한 조건은 전혀 없다."고 덧붙였다네.

안 그 부분 정말 좋았어요. 해탈은 단순하며 어떠한 믿음이나 노력 없이 된다고 했죠. '해탈은 대단히 힘들고 오랜 수행으로 얻을 수 있다.'고 썼다면 독자에게 목표와 과제가 생기죠. 하지만 그 책은 과제를 주지 않았으니 희망도 없게 되었지요.

TP 나는 항상 말한다네. "모든 목표를 없애라. 비행위자가 된다는 목표까지도 없애 버려라! 정화도 수행도 필요 없다!" 해탈할 사람이 없음을 안다면 곧바로 해탈이야.

안 일상에서도 무한성으로 초대받고 있어요. 술 마시고, 큰 집을 사고, 가족과 살아도 문제없어요. 깨닫기 위해 매일 명상하거나 히말라야산에 가야 하는 일은 아니죠. '있음'에는 조건도, 규칙도 없단 말입니다.

TP 모두 깨달을 자격이 있다는 거야. 초청장은 주머니에 있다네. 그냥 확인하고 커피 마시며 들어갈 수도 있어. 그런데 마음은 항상 피해 가는 길을 찾지. 재주도 좋아. 그 또한 무한성이 펼치는 게임이지만.

안 어떤 마음도 잘못이 없고 자신을 한계 짓는 사람도 문제가 없군요. 이를테면 요가에 빠져 있거나 하루 종일 염불이나 참선을 해도 문제없어요.

TP 모든 곳이 자신의 자리라네. 모든 것이 무한성의 드러남이야. 굳이 에고와 싸울 필요 없고, 떠오르는 생각을 억누를 필요도, 자아를 초월한 높은 경지를 추구할 필요도 없다네. 에고도 문제가 없었던 것이네. 전부 하나가 벌이고 있는 게임이니까. (웃음)

안 요가나 명상도 게임이죠. 요가 중에 지복을 경험하거나, 어두운 내면과의 투쟁이라는 말도 모두 '의식'의 발현이죠.

TP (조금 진지하게) 그러나 분명히 해 둘 것이 있어. 특별한 경험이 우리의 본성은 아니야. 본성은 아주 평범하다네. 그래서 보이지도 않고 얻을 필요도 없어. 이미 주머니에 있는 물건을 왜 찾으러 다니는가?

얀 구도자들은 모순 속에 살고 있네요. 결국 에고를 몰아낼 필요 없음을 알게 되니까요. 어제 전철에서 모순된 광고를 봤어요. '담배 끊기를 끊지 마라(Don't quit quitting).' 생각을 멈춰야 한다는 노력도 모순이죠. 멈추려는 노력도 생각이니까요. 에고가 없는 텅 빈 상태를 구하는 노력도 마찬가지죠. 에고를 버리고 싶은 주체도 결국 에고니까요. 그러니 우리가 어떻게 생각을 멈출 수 있겠어요? 어떻게 에고가 에고를 쫓아낼 수 있나요? 그건 불가능하죠. 그건 죽으라는 말과 같아요.

TP 그렇지. 자살 권유지. 에고는 죽일 대상이 아니고 에고 없는 삶을 살 필요도 없다네. 그런 생각이 바로 에고가 만드는 게임이야. 에고는 그런 싸움을 만들면서 게임을 계속하는 거야. 마음이 벌이는 전쟁이지.

얀 당신은 육체적 죽음은 완전한 해탈이라고 했습니다. 깨달음을 얻는 가장 빠른 길이 자살이란 뜻인가요?

TP 그 말은 진실이라네. 자신의 본성으로 돌아가니까. 몸이 죽으면 당장 집으로 돌아가는 거야. 그런데 돌아가는 존재가 그 사람은 아니지. 그 사람은 이미 집에 있으니까.

얀 모든 믿음 체계에서는 영혼을 말합니다. 죽은 다음에 다른 곳으로 간다고 말하죠. 임사체험 할 때 누워 있는 자신을 보았다는 말도 있어요. 그런데 발세카나 하딩은 무시하더군요.

TP 그랬었군.

안 내세를 믿는 사람도 많아요. 영혼이 전환해 환생한다는 믿음이죠. 천국이나 지옥 같은……

TP 쓸데없는 소리군. 그건 에고의 창작이지. 에고는 자신을 유지시키려고 이야기를 지어내는 거야.

안 종교는 사후 세계에 대한 믿음을 주기 위해 노력해 왔지요.

TP 소설은 이제 그만!

안 육체의 죽음이란 타던 불이 완전히 꺼진다는 뜻인가요?

TP 육체로 발현되던 '의식'이 잠깐 조용해지는 일시적 상태이지. '의식'은 죽지 않아.

안 환생이나 영혼은 육체의 죽음이 두려워 만든 관념이군요. 완전히 사라지는 몸이 두려운 에고가 만든 관념, 몸은 죽어도 자아는 계속된다는 에고 스토리네요.

TP 죽은 영혼이 여기저기 떠돈다는 건 하나의 믿음이지.

안 하지만 영혼을 믿는 사람에게는 진실이잖아요.

TP 믿음은 믿는 시간에만 '존재'하는 관념이지. 자네는 지금부터 5분 간 영혼을 믿다가 5분 후에는 아내에게 화낼 수 있지. 다 그런 식이 아니겠나?

안 영혼이란 믿을 때만 존재한다는 말이네요.

TP 예를 들자면, 내세를 믿는 5분 동안에는 그렇게 보이지. 그런데 5분 후에는 없어졌네?! (웃음)

얀 그렇군요.

TP (열정적으로) 경이롭지 않은가? 어떤 정원사는 이런 관점을 알아차린 후 자신은 매 순간 다른 현실을 창조한다고 말하는 거야. "토니! '의식'은 정말 기막힌 재주가 있네요."

영국 남부에서 잡역부로 일하던 네이선 길이라는 정원사는 1년 동안 실업 급여를 모아 비행기 티켓을 구입하여 토니 파슨스의 강좌에 참석했다. 그는 "바로 이것!"이라는 토니의 첫마디에 곧바로 깨어났다. '그것'을 확인하고 몇 년 후 네이선은 생활고와 지병을 뒤로하고 스스로 세상[世間]과 결별했다 ― 옮긴이

얀 놀랍네요. 우리가 자신만의 세상을 만들어내다니. 그럼 더 높은 경지를 상상할 필요가 없죠. 세상을 관리하는 존재 말이에요. 그런데 사람들은 그 존재를 굳게 믿고 있어요.

TP 조금 당황스럽군.

얀 그 사람들에게는 높은 차원이 필요한 것으로 보입니다.

TP 의식이 절대자란 말일세. (웃으며) 지금도 '의식'이 이것을 하고 있는 중이야. 놀랍지 않은가?

얀 기가 막히네요.

TP (심각하게) 자기가 바로 '이것'이라는 사실을 알아차린 사람은 기뻐하며 감사하게 되지.

얀 '그것'을 알면 '있음'만 있게 됩니다. 그러면 질문이 사라집니다. 책이나 토론도 필요 없고, 모든 존재가 있는 그대로지요.

TP 하나의 질문을 던질 때 '그것'이 바로 이거야! 그리고 대답을 들을 때도 '그것'이 바로 '이것'이네. 자네는 항상 '이것'으로 돌아간다네.

얀 그런 일을 워크숍에서 하는군요.

TP 모임에서는 질문과 대답 이상이 펼쳐지지. 이것이 나눔인데 성과에 집착하지 않아. 물건 팔러 나온 사람도 아니고, 그냥 같이 앉아 있는 거야. 성공, 실패가 없으니까.

얀 판단도 없겠지요.

TP 물론이지. 그런 모임이 시간 낭비같지만 그것 역시 '이것'이 아닌가!

얀 정말 해탈한 느낌이 드네요. 그런데 사람들은 기대감으로 오잖아요? 특히 당신 같은 유명인을 찾아올 때는 말이죠.

TP 소위 유명인이라는 이유로 자신의 말을 주장한다면, 우습지 않은가? 모두가 있을 자리에 있다네. 어떠한 일이 벌어져도 '의식'의 드러남이지.*

아무 기대 없이 자축하는 거야. 이 자리를 볼 뿐이네. 우리 본성은 순수한 '의식'이라네. 여기에서 모든 것이 나타나고 사라지지. 질문도 해답도 없어. 일어나는 일을 판단할 필요도 없고. 심지어 자신이란 느낌까지 말이야. 일어날 일은 모두 일어나게 되어 있네.

얀 다시 원점이네요. 당신의 책 『내가 있다 I Am』의 마지막 문장이 생각납니다.

기다리지 마라. 하늘의 은총을,
나와 당신이 스스로 머무는 은총이므로(48쪽).

---

* www.theopensecret.com 참고

더글라스 하딩 *Douglas Harding*

- 영국 로우스토프의 독실한 기독교 집안에서 태어났다.
- 영국 왕립 장학생으로 런던대학에서 박사 학위를 받고, 그 후 장교로 2차 세계대전에 참전했다.
- 1943년, 자신과의 10년간의 문답을 끝낸 후 자신은 여러 층(layers)으로 둘러싸인 존재라고 확신했다. 그는 자신의 몸을 둘러싼 층들을 벗겨 나가면서 자신을 관찰하기 시작했으며 피부, 근육, 뼈, 세포, 분자, 원자, 양자까지 분해한 후 아무것도 발견할 수 없었다. 그 후 세상이란 완전히 개방된 충만한 에너지라는 사실을 깨달았다.
- 저서로는 『On Having No Head』 『Face to No Face』 『The Hierarchy of Heaven & Earth』 등이 있다.

인간은 존재이고,
존재는 의식이며,
의식은 전일(全一)이다.

– 더글라스 하딩

당신은
내 얼굴의 공간

You are space for my face

더글라스 하딩과의 대담, 벨기에, 2000. 9. 3.

안 선생님은 '이것'을 나눈 지 60년이나 되었군요. 어떻게 시작되었나요?

더글라스 하딩(이하 DH) 서른 살 때 동전이 떨어졌다네. 히말라야 경험이라고 하지. 『머리 없음에 관하여*On Having No Head*』라는 책에써 났어. 그런데 '그것'은 히말라야산과 관계없어. 그것은 아무데나 있으니까.

안 히말라야라면 엄청난 경험이 떠오르네요.

DH 전혀 특별하지 않았어. '그것'은 모든 것이니까. 원래 있던 걸다시 본 거야. 뭘 찾아낸 건 아니야.

안 꼭대기보다는 평지 경험인가요?

DH 경험이랄 것도 없어. 전혀 신비롭지 않아.

안 그럼에도 기대하는 사람들이 많아요. 깨달음과 경험의 차이를모르는 것이겠죠?

DH 그런 경험을 바란다면, '이것'을 직접 보기를 회피하는 것이지.

얀 60년 전 '이것'을 본 후 점점 성장했다고 하셨죠?

DH 그 말은 오해의 소지가 있어. 갑자기 또는 천천히 되기도 하거든. '갑자기' 측면에서 본다면 '이것'이 바로 '그것'이지. '천천히' 측면에서 보면, '이것'이 성장하고 믿음도 성장하지. 전자는 문득 나의 본성을 알아본 상태고, 후자는 서서히 알아본 상태지. 아무 차이도 없다네.

얀 어느 쪽이 확실한가요?

DH 어느 쪽이든 자명하지. 첫 번째는 관점이지. 처음엔 잠깐 보였다가 사라지지만, (손가락으로 자기 얼굴을 가리키며)* 다시 여기로 돌아온다네.

두 번째는 믿음의 문제라네. 처음에는 '이것'을 믿지 못하지. 그래서 '이것'에 인생을 맡기지 못한다네. 그러나 차츰 분명해지고 믿음도 성장하지. 이 경우는 느리지만 자연스럽게 이루어진다네.

얀 결국 어떤 실험도 필요 없게 되네요. **

DH 현상에서 본질로 돌아오는 짧은 여행이야. 수행이 아니라 여행이라고. 늘 있던 곳으로 돌아오는 여행 연습이지.

얀 지금 선생님 얼굴이 보여요. 동시에 나도 확인되고요. 손가락으로 가리킬 필요가 없죠. '의식'은 늘 있고 이 공간도 역시 있어요.

DH (나의 입장에서 보면) 자네는 내 얼굴을 위한 공간일세. 자네가 바

* 자기 얼굴을 손가락으로 가리키면서, 가리키는 개인이 없다는 사실을 확인한다. 순수 '의식'을 확인하는 실험이다.
** 비슷한 실험이 얀 케르쇼트 『온 바 없다Nobody Home』 4장에 기술되어 있다.

로 그 자리야.

얀 언제나 그렇겠지요.

DH '이것'을 알아보는 데 꼭 실험이 필요한 것은 아니지.*

얀 이런 알아차림은 종교와도 관계있나요?

DH 종교에는 원본과 대중본이 있지. 나는 세계 종교를 비교해 책 쓰고 수업해 왔지. 모든 종교 핵심은 한 가지. 모든 존재는 하나의 '의식'이리는 사실이야.

얀 기독교, 불교, 힌두교, 이슬람교…… 모든 종교에서 이것 하나는 똑같네요.

DH 나는 기독교 집안에서 자랐어. 기독교는 희생과 사랑이 이 세상을 움직이는 힘이라고 하지. 오늘 실험을 통해 발견하지 않았나? 친구를 위한 죽음, 서로 사랑, 그것이 우리 본성이네. 감정이나 사상과도 관계없지. 로맨틱한 사랑도 아니고.

얀 인격을 초월한 사랑인가요?

DH 상대방을 위해 사라지는 것, 죽음을 받아들이는 것. 이 순간 하딩이 얀을 위해서 사라지는 것이야. (자기 얼굴을 가리키며) 내가 선해서가 아니라 그렇게 태어났기 때문이야. 내가 좋은 신앙을 가져서가 아니라 인간이 그렇게 만들어졌기 때문이야.

얀 마치 얼굴을 바꾸는 행위와 같군요. 당신은 나의 얼굴, 나는 당신의 얼굴.

DH 얼굴 바꿈. 나는 그렇게 부른다네.

---

* 구도자가 없다는 사실이 확인되면 연습이 필요 없다.

얀 그건 시공을 벗어난 무시간적인 바탕이죠. 성경, 선(Zen), 도교, 베단타…… 모두 같은 말을 하더군요. 무조건적인 사랑, 상대를 위한 죽음, 그리고 다시 태어남. 이것은 우리의 본성이 하나의 '의식'이라는 사실입니다. 이것을 머리로만 알던 중에 가리키는 실험을 하게 되었죠. 그때 벌거벗은 존재를 언뜻 알아차렸어요. '그것'은 지복이 아니었고 단순한 '이것'이었습니다.

DH 알겠네.

얀 나는 여러 스승들이 하나의 '의식'을 찾아가는 길을 확인했어요. '그것'에 접근하는 방법 말이에요. 많은 어리석음도 보였지만, 하나의 관점을 얻었어요.

DH 아주 실제적이지.

얀 한 번 본 후에는 '이것'을 여러 방식(종교를 포함)으로 확인할 수 있었죠. 언어는 하나의 '의식'을 가리킬 뿐, '의식'을 대신할 수 없어요.

DH 삶을 이해하는 것과 삶을 사는 것은 다르다네. 이 차이를 모른다면 모두 관념이지. 경전을 줄줄 외워도 핵심에는 못 간다네.

얀 알고 모르고의 문제가 아니군요.

DH 그렇지.

얀 특별해지는 길이 아니라 평범해지는 길일까요?

DH '이것'을 한 번 본 후에는 깨달음이고 뭐고 (자신을 포함해서) 특별하단 느낌이 없어진다네. 이 점이 가장 중요해. 본성을 확인한 후에는 자신이 사라진다네. 제자들을 거느리고 싶지도 않고, 잘난 척하지 않고 그냥 나누는 걸세. 그 정도가 통찰자의 특권이겠지. 모두 깨달았지만 그 사실을 모르고 있을 뿐이지. 그러니 누구도 우월하지 않고, 누구에게 큰소리칠 수 없고, 스승이 제자를 다그칠 수 없지. 깨달음이란 참 민주적이야. 안 그런가?

안 스승이 제자보다 좀 더 영적이거나, 누가 더 훌륭하거나, 뭐 그런 식의 이야기가 아니군요.

DH 요즘 깨달음이란 말은 속된 말이 돼 버렸지. 워크숍에서 그런 말은 쓰지 않아. '나는 깨달았는데 너희들은 깨닫지 못했다.' 이 문장은 쓰레기야.

안 완전히 다른 메시지네요.

DH 그것은 누구나 가지고 있지. 이게 좋은 소식이네. 높고 낮음의 문제가 아니야. 누구든 조금만 관심을 가지면 자명하다네.

안 나눠줄 자세가 되어 있군요.

DH 본성을 같이 알아보자는 거야.

안 이토록 단순한데 왜 혼란이 생기죠? 어딜 가나 스승이 널려 있고, 제자들은 자기 스승만이 특별하다 합니다. 왜 그들은 추종자가 되고 싶어 하죠?

DH 에고의 죽음이 두렵기 때문이야. 에고의 죽음 후에는 부활이 따르지만, 당장 '이것'에 저항한다네. 저항은 '이것'과 거리를 만들고 탐구를 계속하게 만들지. 그래야 에고가 계속 살아남을 수 있으니까. 사람들은 말한다네. "스승님, 나는 아직 멀었어요. 부디 제 길을 인도해 주세요." 자신을 구도자로 여긴다면 깨달은 자와는 점점 멀어진다네.

안 그건 어떤 이유죠?

DH 구도 여행만 즐기면 도착 위험성이 없으니까 말이야. 그러니 수행자는 오히려 깨닫기를 두려워한다네. 도착은 곧 수행자(에고)의 죽음이니까.

얀 구도자는 하나의 '의식'을 스스로 거부할 수도 있나요?

DH 그들은 '이것'을 볼 수 없다 말하지만, 못 보는 일이 오히려 불가능하지.

얀 얼굴 바꾸기 실험을 이해하지 못하는 사람도 있나요?

DH '이것'을 거부하는 말에 불과하지. 자신은 극적 체험을 기대했다는 말, 의미를 모르겠다는 말, 아니면 지루하다는 말, 모두 에고 소멸에 대한 두려움이지.

얀 그런데 이런 거부는 자기방어 아닐까요? 예를 들어, 감전됐을 때 퓨즈를 끊어버리는 식이죠.

DH 워크숍에서 '이것'을 보는 사람은 극히 적다네. 하지만 때가 되면 열매를 맺을 거야.

얀 '이것'을 나눌 때 커다란 기쁨도 있겠지요.

DH 큰 즐거움이지.

얀 가장 아름다운 나눔이죠.

DH '그것'의 가치라네.

얀 그런데 주어도 받지 못하는 사람들이 많지요.

DH 이상하지? 오늘 80명이 모였지만, '이것'을 본 사람은 서너 명이나 될까?

얀 예전에 비해서는 늘었네요.

DH 이 실험은 말을 견해로 바꾸는 분기점이지. 에고의 한계에도 불구하고 혁명적이야. 지금까지 서로의 얼굴을 보며 관점을 바꾼 적이 없었지.

얀 말을 행동으로 옮기는 실험이군요.

DH '족첸(Dzogchen)'에서는 벌거벗은 의식(Nonconceptual Path)으로 '그 것'을 한 번 흘낏 본다(일별)고 하지. 누구나 가지고 있는 '그것'을.

족첸은 '완성'을 뜻하며 모든 본성은 비이원적인 순수의식을 바탕으로 한다는 티베트 닝마파의 본래성불(本來成佛) 사상이다. ── 옮긴이

얀 단순하군요.

DH 모두 있지만 아무 관심도 받지 못한 '그것'이라네. 지금까지 극소수만 이런 관점을 보았지. 신과 합일된 사람은 거의 없었어. 하지만 시기가 되었다네. 이제 많은 사람들이 '이것'을 자연스럽게 누릴 거야.

얀 '이것'은 소수의 행복을 위한 게 아니군요.

DH 다시 어린아이가 되는 것. 예수께서 말씀하셨지. "어린아이처럼 되지 않으면 천국에 들어갈 수 없다."

얀 독자를 위해 선생님 메시지를 요약해 주세요.

DH 1. (나처럼 보이는) 나는 내가 아니다.

2. 나는 보이는 나의 맞은편에 있다.

3. 당신은 나처럼 보이는 나, 나는 그냥 나다. (I got what I am.)

4. 거울 속의 나는 거울 바깥의 나와는 다르다.

5. 내가 거울을 볼 때는 거울 속 대상이 아니라 비춰지는 빈 공간을 보는 것이다.

6. 거울 속에는 내가 한 물건으로 보이지만 나는 투명하다.

7. 여섯 문장을 한 문장으로 합치면, 나는 두 개의 눈(분별)을 가
   진 것처럼 보이지만 하나의 눈밖에 없다.

   하딩의 얼굴 바꾸기 실험을 이해하기 어렵다면 하딩의 저서 『Face to No Face』와
   바이런 케이티의 『The Work』를 참조하라. 두 저자의 일(Work)은 많은 부분이
   겹친다. 하딩과 케이티는 언어의 비실체성과 대체가능성을 실험에 포함시킨다.
   일명 '말 바꾸기' 실험을 통해 우리의 분별을 깨뜨리는 작업이다. (이것이 저것을
   있게 함으로 저것과 이것은 다른 것이 아니다.) 문장 속 단어를 서로 바꾸고,
   어떤 단어를 대입해도 (하나의 눈으로 보면) 분별할 수가 없게 된다.
   이것이 하딩 실험의 핵심이다. — 옮긴이

얀 단순하면서 심오하네요. 이게 모순이랄까요? 모든 것을 뒤바꾸
    는 작업인데 실제는 아무것도 바뀌지 않네요.

DH 진리는 원래 단순하다네. 그러니 복잡한 이야기는 믿지 말게나.

얀 그래도 사람들은 복잡한 이론을 좋아하잖아요.

DH 그게 인간의 속성이지.

얀 복잡하게 만드는 것도 '이것'을 거부하는 수단이죠.

DH 실험은 세상 사물을 바꾸는 작업이 아니야. 그저 바라보게나.
    그러면 그냥 깨어난다네.

얀 이 실험으로 욕망도 줄어드나요?

DH 세상을 유토피아로 만든다는 생각이 없어. 그런 일은 불가능하
    니까. 그저 새로운 관점을 나누자는 거야.

얀 이것이 진짜 변화네요.

DH 고타마가 깨달았을 때 모든 사람이 깨달았지. 누구든지 혼자서
    는 깨달을 수 없다네. 혼자라는 개인은 없으니까. 그러니 깨달
    음의 주체는 얀도 아니고 하딩도 아니지.

얀 에고 때문에 깨닫기 어렵다는 구도자들이 많아요. 에고에 사로

잡혀 '그것'을 알아볼 수 없다고 하지요.

DH 지금 '이것'을 본다면 여기는 빈 공간만 있다네. 사람들은 여기에 창문과 의자가 있다 말하지만, 진짜로 있는 건 그냥 공간(봄)이야. 이곳에 모두 드러나 있지. 수행자가 에고를 없애야 '이것'을 볼 수 있다면 그는 영원히 찾고 있을 걸세.

안 에고조차 버릴 필요가 없군요.

DH 나는 에고란 말을 좋아하지 않아. 어떤 것인지 두 모르고. 그냥 게임 도구로밖에 보이지 않아. 나는 추상적 관념보다는 실제적 실험을 하지. 손가락으로 가리키는 실험 말이야. 관념을 지각으로 바꾸는 작업이지. 그러니 내 책을 읽지만 말고 행동하게.

안 또 다른 관념을 만들지 않기 바라는군요.

DH 대화를 관념으로 끝내면 안 되지.

안 말보다 실천이죠.

DH 이렇게 말하고 싶다네. 여러분은 하얀 종이 가운데 검은 점을 보고 있어요. 당신의 '봄'을 받아들이는 곳은 하얀 공간이죠. 그것이 내가 나누는 작업입니다. 이 책에 인쇄된 글씨를 본다고 생각하겠지만, 바라보는 곳은 흰 공간입니다. (그리고 그 공간이 바로 당신의 얼굴입니다.)

안 이론이 아니라 우리가 어떠한 존재인지 실험하는 작업이군요.

DH 그렇지.

안 선생님 관점과 열정에 감사드립니다.

DH 오히려 나로 보이는 사람이 즐거웠네.

남성성과
여성성을 넘어서

Beyond masculine and feminine

토니 파슨스와의 두 번째 대담, 런던, 2000. 3. 18.

얀 『오픈 시크릿*The Open Secret*』에서 이 문장이 눈에 들어왔어요.

나는 여성에게 매혹되기도 했고 두려움도 느꼈다.*

괜찮다면 그 이야기를 듣고 싶네요.

TP 못할 것 없지. 모든 남자들이 나와 같을 걸. 남자와 여자는 따로 있는 존재가 아니라 여성과 남성이라는 에너지만 있다네. 남자들이 두려워하는 이유는 자신의 에너지가 여자에게 넘어간다고 생각하기 때문이지.

얀 남자들은 주도권 싸움을 두려워합니다.

TP 모든 종교가 가부장 제도를 고수해 온 이유라네. 성직자는 여성 에너지를 두려워했고, 남자들은 여성을 통제하고 싶어 했지. 그런데 여성 에너지는 활력과 불길 같은 혼란을 준다네. 그런 여

---

* 토니 파슨스『오픈 시크릿*The Open Secret*』14쪽

성은 남성에게 위협이지. 그래서 성직자는 여자와 거리를 두었다네.

안 사원이나 아쉬람에서 여성들을 격리시킨 이유군요? 종교는 여성에게 어떤 지위도 주지 않았어요. 달라이 라마나, 교황, 큰스님은 모두 남성이었죠. 결혼도 하지 않았고요. 성적 쾌락이 죄악이고 영성에 방해가 된다는 말인가요?

TP 남자들은 여성의 직관과 에너지를 두려워한다네. 그런 것에 매혹되기도 하지만. 남성은 자신이 사라지기를 바라는 속성도 있으니까.

안 여성을 지배하고 싶은 동시에 여성의 불길 안으로 사라지기를 바란다니, 모순이네요.

TP 남성들에게는 사라지고 싶어 하는 성질이 있다네. 여성성에 항복하고 싶은 거야. 이건 두렵기도 하지. 에고의 죽음과 비슷하니까.

안 사라져 버린다. 표현이 맘에 듭니다.

TP 이런 시도 있지.

여인의 다리 사이에서 난파선이 되고 싶다.

안 제가 하고 싶은 말입니다.

애인의 가슴 속에서 나를 잃는다.

TP 육체 결합 도중 사라져 버리는 순간이 있지.

안 그것이 남녀가 서로에게 몰입하는 이유죠.

TP 그러한 에너지는 내면이 가리키는 것을 끌어낼 수 있지. 두 사람이 결합할 때는 특정 차원이 일어날 수 있다네.

얀   본성을 확인하는 움직임이군요.

TP   움직임이 아니라 사라짐이지.

얀   『집으로 오는 길』에도 나옵니다.

얀의 책 『집으로 오는 길Coming Home』은 5년 후 『온 바 없다Nobody Home』로
개정되었다. — 옮긴이

몸 안에는 개인이 존재하지 않는다.
두 몸의 결합은 이 사실을 알아차리는 아름다운 방법이다.

섹스는 사라지는 방법이 될 수도 있어요. 어느 순간 내가 없어
지는 겁니다.

TP   그래서 멋진 것 아닌가.

얀   그런데 항상 그렇지는 못하죠.

TP   오쇼(Osho)는 이런 말을 했지.

섹스할 때는 항상 문제가 생긴다.
네 사람이 결합하기 때문이다. 몸 둘, 마음 둘이니까.

얀   사라짐 없이 서로 몸만 부비는 거네요.

TP   두 사람 사이에 에너지로 충만할 때 사라지는 순간이 온다네.

얀   한 조각 얼음이 녹는 것과 같나요?

TP   『오픈 시크릿』에서 남성이 여성을 두려워하는 이유라고 했지.

얀   머리 없이 몰입하라는 말이 있어요. 머리통을 탁자에 올려놓고
      일하는 거죠. (웃음) 생각 버림이 핵심이죠. 자신을 통제하려는
      마음 없이.

TP   남자와 여자가 결합할 때는 에너지가 일어나지. 그렇지 않은 경
      우도 있지만.

얀   그건 알 수 없어요.

TP   섹스라는 결합의 도구를 통해 정신적 장애가 드러나기도 하지. 그럴 경우 문제를 직시하든지 회피하겠지.

얀   문제를 양탄자 밑에 숨기는 거군요.

TP   서로 건드리지 않기로 합의하는 거야. 그렇게 되면 에너지가 일어날 수 없다네.

얀   죽어 있는 두 사람이 결합하는 경우네요.

TP   서로 숨기는 게 없다면 폭발적인 에너지가 발생하지.

얀   '이것'을 기술로 바꾼다면 탄트라 기교를 부릴 수도 있어요.

> 탄트라는 원래 의식의 확장을 위한 남녀의 결합 행위이다. 때로는 성을 통하여 내면의 의식 세계를 확인한다. 단전의 에너지와 가슴의 에너지, 머리 에너지가 결합을 통하여 합쳐져서 의식을 확장시킨다. — 옮긴이

TP   하지만 섹스의 절정이 '빛(Enlightenment)'을 보여 주지는 않는다네. 그렇다고 잘못은 아니고.

얀   탄트라는 원래의 의미가 잡다한 소문들로 변질되었죠.

TP   그렇지.

얀   예수나 고타마가 실제로 말한 내용과 2천 년 후 우리가 이해하는 내용 차이를 상상해 보세요.

TP   의미는 전혀 다르겠지.

얀   탄트라도 마찬가지죠. 상대방으로 사라지는 전환(轉換)은 기교로 이루는 과정이 아니죠. 그렇게 하는 주체가 없는데 말이죠.

TP   그렇다네.

얀   선생님 실험은 일어날 일을 허용함으로써 자명함을 확인하는

작업이죠. 상대의 얼굴에서 자신의 본성을 보는 겁니다. '너의 얼굴에 나의 자명성이 있다. 그러므로 나(너)는 너(나)를 위한 공간이다.' 그게 전부입니다.

TP 그토록 단순한 작업이지.

얀 그러니 환상적 경험을 추구할 필요가 없습니다. 둘 사이에 가벼운 접촉만으로 '그것'이 일어날 수 있죠. 탄트라 기술도 필요 없습니다. 통제할 필요도 없고, 꽃이나 촛불, 불상, 만트라도 필요 없습니다.

TP 맞는 말이네.

얀 그저 가벼운 손길 하나면 됩니다. 무엇도 통제할 필요가 없이요.

TP 당연하지.

얀 그것은 쿤달리니(Kundalini)나 우주 에너지 없이도 일어날 수 있어요. 그냥 내가 사라지면 됩니다. 멋지지 않나요? 그때 환희(Ecstasy)가 올 수 있지만, 오건 말건 뭐가 문제겠어요? 그런 잡동사니는 목표가 아니죠.

쿤달리니란 산스크리트어로 '숨겨진 힘'을 뜻한다. 즉 인간에 내재된 우주 에너지를 말한다. 힌두이즘에서 쿤달리니는 생명의 에너지이며, 모든 인간 내면에 숨겨진 여성적 에너지를 말한다.　옮긴이

TP '그것'이 일어날 때는 허용(Letting go)이 일어나지. 즉 통제 없는 상황이야. 그런데 마음은 허용조차 하나의 기술로 여긴다네. 요즘은 성스러운 섹스를 권장하는 스승도 있다는 말을 들었네. 이러한 무지로 피해 본 사람도 많고.

얀 『오픈 시크릿』에서는 우리 본성이 바로 통제 없음이라 말하셨

죠? 그 책은 '이것'을 자명하게 밝혀 주었죠.

'이것'은 누구에게나 주어져 있다. 그러니 무엇도 바꿀 필요가 없고, 어떤 노력도 필요 없다. 고 했죠.

TP '그것'은 단순하고 혁명이지.

얀 그런데 왜 사람들은 '이것'을 복잡하게 만들면서 단순을 회피하는 건가요?

TP 알고도 모르는 일이야. 다행히 우리에게는 진심과 거짓을 구별하는 지성이 있지. 그 지성이 인위적인 노력을 걸러내고 사람을 공명시킨다네.

얀 반면에 많은 사람들이 무지로 끌리고 있어요. 깨달음에 관한 스토리를 팔아먹는 스승들, 개인적 구원을 약속하는 스승, 다른 사람을 높은 경지로 끌어 준다는 스승이 인기죠. 반면에 '갈 곳은 없다. 희망이란 전혀 없으며 모든 일은 일어날 대로 일어날 뿐이다.'라고 하는 스승은 인기가 없어요. 개인적인 스토리란 없고, 과거도 미래도 현재도 없다는 말은 대중이 싫어합니다.

TP 그래서 내 옆에는 사람이 많지 않다네.

얀 강한 카리스마를 풍기거나 말재주가 좋은 스승들이 인기가 높죠. 그런 가르침은 잘못된 에너지 공명이겠죠?

TP 사람들을 흥분시키는 쇼가 아니겠는가? 사람들은 강력한 스승을 보면 무척 흥분한다네. 그런 만남은 스승과 제자 간 주종 관계를 만들지.

얀 에고는 흥분과 감동을 필요로 하죠. 무엇이든 확실히 알고, 느끼고 싶어 합니다. 이런 경우 영웅을 숭배하고 모방하지요. 십

대들의 아이돌 흉내처럼. 그중에는 진실을 알고 싶은 구도자도 있겠죠?

TP 흥분과 모방 아래에는 진짜 갈망이 있지. 밑바닥에서 느끼는 단순성이 있다는 말이네. 깊은 갈망만 있다면 그 사람들도 결국 '그것'을 발견하게 된다네.

얀 맞아요. 『오픈 시크릿』을 읽은 후 이미 알고 있던 단순성을 확인했어요. 마음 깊은 곳 천진한 목소리를······.

TP 바로 그거야.

얀 그런데 깨달음을 사유 재산처럼 소유하는 스승도 많아요.

TP 그중에는 특별한 경험을 가진 사람도 있겠지. 그런데 '그것'의 '자명함'을 모르고 있어. 그렇기 때문에 그들의 가르침이 개인적 범위를 벗어나지 못하는 거지. 그런 스승들은 지금도 열심히 추종자를 모집하고 있다네.

얀 이 주제는 단순합니다. '그것'은 내가 앉아 있는 곳에 있습니다. 스승 도움 없이도 알아볼 수 있어요. '그것'은 어디에나 있죠. '그것'을 찾기 위해 이곳저곳 갈 필요가 없습니다.

TP 그렇다네.

얀 길이 막혀서 짜증 날 때도 '그것'은 있어요. 하지만 스승들은 분노나 짜증을 느끼면 안 되는 감정이라고 말하죠. 그런 감정은 수행자답지 않다고 말합니다.

TP 맞아. 그들은 그런 감정을 부정적으로 생각하지.

얀 부정적 감정은 언제나 일어납니다. 어떤 감정도 '그것'을 바꿀 수 없어요. 감정을 느끼는 개인도 없고요. 좋건 나쁘건 '존재'는 그대로란 말입니다.

TP 바로 그렇다네.

얀 그런 관점에서 본다면 '이것'은 현실 가치도 있어요. 인생이 쉽고 가볍게 흘러갑니다. 개인적인 성취처럼 들릴 수 있지만, 그런 뜻은 아니에요. 굳이 말한다면, 저항에 소비되는 에너지를 줄인다고나 할까요?

TP '이것'은 아주 혁명저이지.

얀 '이것'을 알아보면 모든 것이 바뀌는데, 아무것도 변하는 것이 없고 어떤 노력도 필요 없습니다.

TP 그럼에도 이렇게 저렇게 해야 한다며 강요하는 스승들이 많다네. 그들은 종교 조직이나 마음공부 모임을 만들기도 하지. 이 모두 가부장 제도 아닌가? 수천 년 동안 남성이 지배해 온 뿌리 깊은 결과야. 최근에 조금씩 변화가 일어나고 있어.

얀 여성성(女性性)적 태도로 바뀌는 건가요?

TP 남성성과 여성성 사이의 결합이지. 물론 페미니즘은 아니고.

얀 균형이네요. 규칙과 통제가 필요 없는.

TP 『오픈 시크릿』을 쓴 다음 '그것'을 사람들과 나눴지. '그것'은 규칙이 없어. 독신주의든 채식주의든 모두 이념이야.

얀 어떤 이념도 부정하는군요.

TP 꽃이 피어나듯 마음이 풀어지는 거지.

얀 하나는 어떤 규칙도 없습니다. 종교는 섹스가 번식을 위한 필요악이라 가르쳤지만 이것은 어떤 규칙도 의미 없음을 알아버리는 겁니다.

TP 그럼 즐거운 일 아닌가?

얀 아이처럼 마음껏 뛰어놀아도 된다는 것이죠.

TP '이것'이 모든 것에 스며 있다는 사실을 알아채는 거야. 스테이크 한 조각 안에서 '무한의 드러냄'을 보는 것이고.

얀 맞습니다.

TP 꼭 상추가 아니어도 된다고. 채식하면 신에게 더 가까워진다는 말은 난센스라네.

얀 그런데도 육식이 잘못이라는 사람이 많아요.

TP 모든 음식은 무한성을 드러내고 있지.

얀 종교인들은 모든 진리를 수용한다면서 '이것'도 안 되고 저것도 안 된다고 하잖아요? 사람들은 규칙이 없으면 세상이 뒤집히지 않을까 불안해합니다.

TP 사회는 받아들이기 어렵겠지.

얀 일상생활에서 몇 가지의 규칙은 필요하겠죠. 영국은 자동차가 좌측통행, 벨기에는 우측통행이죠. 하지만 우리는 지금 판단의 문제를 말하고 있잖아요?

TP 두려움과 부정도 말하고 있지.

얀 사람들은 규칙이 없다면, 인생이 무의미해질까 걱정합니다. 그게 아니면 혼란을 걱정하고……. 하지만 규칙이 없다고 살인범이 되지는 않죠. '이것'을 알았다 해서 맘대로 행동하지는 않아요. 그럼에도 이런 관점이 무책임하다 걱정하죠. 모두 개성을 잃어버리고 자기중심적이고 게을러질 것이라 생각합니다.

TP 그렇겠지.

안 하지만 나는 흰색과 검은색을 구별할 수 있어요. 그 차이를 즐기죠.

TP 나도 마찬가지야.

안 중요한 점은 옳고 그름이 없다는 사실입니다. 세상을 바꿀 필요가 없으니 자신도 바꿀 필요가 없지요. 지금 내가 제대로임을 알게 됩니다. 그러니 마음이 푹 놓입니다.

TP 오호!

안 하딩이 말했죠. "눈에 보이는 나는 내가 아니다. 우리 본성은 이 명백함, 이 무한함, 당신의 숨결보다 더 가까운 '그것'이다. '그것'을 보거나 확인하기 위해 다른 곳으로 갈 필요가 없다. 왜냐하면, 우리가 이미 '그것'이니까."

TP 바로 그걸세.

안 그리고 선생님은 '바로 이것!'을 자명하게 말했죠. "모두 제대로다. 네가 있는 자리가 '있음'을 보기에 가장 좋은 자리다."

TP 모두가 여기 있는 그대로일 뿐이지. 따로 찾아갈 필요가 없다네.

안 '있음'을 알아차리면 이렇게 저렇게 행동하는 의무감에서 벗어나죠.

TP 머리가 핑 돌 정도로 놀랍지.

안 '이것'은 너무 단순해서 처음에는 믿기가 어려워요.

TP 강연 도중 나가는 사람도 많았지. 사람들은 높고 복잡해야 좋아한다네. '이것'으로 곧바로 뛰어 들어와 놀 생각이 없는 거야. 사라짐이 두렵기 때문이라네.

얀 계속 찾는 과정을 더 좋아하는군요. 그런 사람들은 어려운 수행 기술이 있다면 아주 좋아합니다. 자신의 문제점을 짚어 주는 까다로운 종교 조직이나 공부 단체를 찾아다니죠. 수도자나 승려가 되면 좋을 사람들입니다.

TP 마음은 참 알 수 없다네.

얀 '이것'을 부정하고 회피하는 전문가죠.

TP 구도자가 되는 것이 가장 강력한 부정 방법이지.

얀 자신을 구도자라고 내세우는 사람들이 많아요. 이런 사람들은 "구도의 길은 참 재밌죠?" 하며 어울려 다닙니다. 이름난 사원을 찾아 캠핑하고, 끼리끼리 모여 집단 명상을 하고, 그 열기와 도취감에 함께 춤추며 노래 부르죠. 이런 모임은 끝도 없어요.

TP 무슨 말인지 알겠네.

얀 그런 곳에 가면 유명한 스승을 만날 수 있고, 경전이나 명상을 배울 수 있어요. 지루할 틈이 없겠죠. 구도 기간을 얼마든지 길게 늘릴 수 있어요. 하지만 그러한 구도 행각이 자기 부정이라는 사실을 모르고 있습니다.

TP 맞는 말이네.

얀 그런데 자신이 회피하고 있다는 사실을 알아차리면 포기하게 되더군요.

TP 내가 없음을 알아차린 상태이지.

얀 당신은 "'그것'이 여기 있기 때문에 여기로 오는 과정은 없다." 라고 말했어요. 가끔 '혹시 하나 정도 과정은 있겠지.' 하는 생각도 들었지만 결국 나는 깨달음에 대한 모든 믿음 체계를 버렸습니다.

TP 옷을 입고 샤워할 수는 없지 않은가? 그냥 홀딱 벗어던지는 거야.

얀 성스러운 스트립쇼인데요.

TP 이름 죽이네!

얀 '이것'으로 이끌린 것은 과정이 아닙니다. 나를 둘러싼 관념과 믿음, 조건들이 풀어지는 혁명이죠. 과거와 미래가 없음을 알아차리면 단번에 풀립니다.

TP 현재도 없다네. 지금도 허상이지. 그러니 개인적 인생은 없어. 존재하는 모든 것은 '의식'뿐이고 그것이 바로 자신이야.

얀 그냥 '이것'과 친구로 지낸다는 말입니다. 이 발견을 나누는 일이죠.

TP 축배! 런던행 기차에서 이런 생각이 들더군. 깨달음을 독점하면 소외감을 키우지만, 자유를 나누면 우정을 키운다.*

---

* 토니 파슨스 『오픈 시크릿 *The Open Secret*』 8쪽

미라 파갈 *Mira Pagal*

- 1947년 벨기에 남부 출생.
- 음악교사, 영성가, 요기, 작가.
- 23세에 영적 목마름으로 인도로 건너갔다. 수소문 끝에 파파지(슈리푼자, 마하리쉬의 제자)를 만나 제자가 되었고, 1968년 스승과 결혼하였다. 1997년 스승이 죽은 후 독자적으로 삿상을 펼치기 시작했다. 그녀가 유럽에서 인도로 파파지를 찾은 일화는 다음과 같다.

파파지 무슨 일로 왔는가?

미라 자신을 찾으러 왔습니다.

파파지 무엇을 타고 며칠 걸려 왔는가?

미라 비행기와 버스를 타고 이틀이나 걸려 왔습니다.

파파지 자신이 자신에게 갈 때 거리와 시간이 필요한가?

미라 ……!

www.gangamirasatsang.com

당신은 아무것도 잃을 수 없습니다.
당신이 무엇을 잃었든지 그것은 당신 것이 아닙니다.
당신은 삶뿐 아니라 죽음조차도 잃을 수 없습니다.

– 미라 파갈

나누는
기쁨

The joy of sharing

미라 파갈과의 대담, 브뤼셀, 2000. 4.

미라 파갈(이하 MP) 어머나 반가워요. 저는 오스트리아에서 방금 왔답니다. 오늘부터 삿상(Satsang, 영적 모임)은 열지 않기로 했어요. 선생 노릇은 나한테 안 맞아요. 이제 '그것'을 그냥 허용합니다.

얀 꼭 모일 필요는 없죠.

MP '그것'을 설명할 생각이 없어요. 자연스럽게 모일 수는 있겠죠. ⋯⋯ 산책이나 일상생활에서 말이에요.

얀 강연이나 책이 꼭 필요하지도 않죠.

MP 말 없이 앉아 있어도 아름답죠. 고요함은 아주 강한 힘이에요.

얀 그럼 조용히 앉아 있어 볼까요?

MP 좋아요. (몇 분간의 침묵)

얀 이런 고요함 속에 있다니 놀랍네요.

MP 고요함 속에서 말이 필요할까요? 배경 없이 말만 늘어놓으면 지적인 철학일 뿐이죠.

얀 마음이 벌이는 끝임없는 지식 게임이겠죠.

MP 나는 세계를 돌면서 모임을 열어 왔어요. 즐겁긴 했지만 이제 그 만뒀어요. 그런 지식 향연은 언젠가 끝날 줄 알고 있었답니다. 누군가 나를 청했을 때 자부심을 느끼곤 했어요. 하지만 그건 파도타기죠. 사람들이 많으면 깊이 있는 만남은 없어요. 그때 나는 느꼈어요. 이건 내 방식이 아니야. 그래서 내일은 모임이 없다고 말했죠. 그때 사람들은 내일이 매일인지 몰랐나 봐요.

얀 그렇군요.

MP 그날 이후 모임을 열지 않아요. 앉아 있거나 혼자 지내지요. 왜 영적 모임을 혼자 열지 못한다고 생각하죠? 지난 시간이 아깝 지는 않아요. 스승도 만나고, 멋진 사람도 만나고, 세상 물정도 알게 되었으니까요.

얀 그렇다면 영적 모임은 왜 있는 거죠?

MP 인생을 평범하게 사는 방식이 영적 모임이에요. 그냥 있던 자리로 돌아오면 되죠. 일상을 살면서 영적이니 뭐니 할 것이 있겠어요?

얀 그냥 '있음'을 말하는군요. 아니, 말이 아니라 그냥 '있음'이죠. 이를테면, 일상이 저절로 인식되는 거죠.

MP 맞아요. 바로 그런 거예요.

얀 언제나 어디서나 일어나는 '그것'이죠. '그것'은 아무것도 제외 시키지 않아요. 지금 들리는 자동차 경적, 세탁기 소리…… 토 니는 이런 것들 모두 무한성의 드러남이라 했어요.

MP 맞아요. 평소에 '그것'을 알아차리는 일이에요. 파파지와 있을 때 그런 것들을 삶으로 여겼어요. 그때는 그분이 유명해지기 전이었고, 단순한 일상을 같이했죠. 모든 게 '있음'이었어요. 마테차를 끓이고 강변을 걷고…… 자연스러웠지요. '그것'을 언뜻 본 뒤에는 일상으로 돌아오고 또 일상이 계속되는…….

얀 반복되는 일상에 좌절할 수도 있겠죠. 그런 평범한 생활이 문제라고 말하는 사람들이 많아요.

MP 그다음 그 평범함을 없애는 방법을 구하겠지요.

얀 그들은 한 번 본 '그것'을 잃어버리면 좌절합니다.

MP 맞아요.

얀 화날 때나 기분이 나쁠 때도 좌절하죠. 나는 한참 부족하다고 말이에요. 그래서 더 많은 명상을 합니다.

MP (웃으면서) 정곡을 찔렀어요. 사람들은 겉모양에서 빠져나오기 힘들어요. 소위 깨달은 사람 풍모가 그럴듯하게 보이거든요. 사람들은 그런 겉모습을 믿고 따른답니다. 그냥 도인(道人) 코스프레만 하지 않으면 되는데.

얀 그런데 수행자는 물론 스승들까지 왜 그렇게 도인 폼을 잡는 건가요?

MP 왜냐고요? 그건 모릅니다. '왜'는 우리를 철학과 마음의 게임으로 끌어들입니다. 질문을 위한 질문이죠. 나는 살아오면서 모든 답을 얻고 싶었지만, 이제 '왜'에서 완전히 벗어났어요.

얀 질문과 답을 찾는 기술은 언젠가 쓸모없게 돼죠. 어릴 때 타던 세발자전거는 성인이 되면 건드리지도 않아요. 던져 버림, 이것이 인생 여행의 종점이죠. 모든 질문이 사라질 때, 애초부터 여행은 없었다는 사실을 알게 됩니다. 그렇다고 모든 해답을 얻은 상태는 아니고, 질문하는 '수행자 흉내'를 그만둔 것입니다.

MP 딱 그거예요. 지성은 항상 해답을 바라죠. 언젠가 해답을 찾으면 '그것'도 성취된다 생각하지요. 하지만 질문이 사라질 때 '그것'이 성취됩니다. 성취라기보다는 '그것'이 저절로 드러나죠. 이것이 단순한 비밀이에요. 토니가 말하는 '열려 있는 비밀(Open Secret)'이고요. 항상 답이 주어져 있는 비밀.

얀 어떤 사람이 보물을 어디에 둘까 고민했죠. 어디에 감췄을까요? 아무 데나 놓아두었죠. (웃음) 그래서 '그것'을 아무도 못 찾는 겁니다.

MP 사람들은 '그것'이 숨겨져 있고, 그래서 찾기 어렵다고 생각하지요. 높은 경지로 올라가야 찾는다고 생각해요. 최고로 끔찍한 관념이지요.

얀 그런 관념 때문에 다람쥐 쳇바퀴 도는 거죠.

MP 사람의 마음이 움직이는 방식이죠. 바로 코앞에 있는데.

얀 '그것'은 우리가 태어나기 전에도 가지고 있었죠. 선(禪)에서는 본성이라 하죠.

MP '그것'은 어리석은 마음까지도 포용한답니다.

얀 구도 행위도 마음이 벌이는 게임이죠. 전에는 나도 몰랐어요. 열려 있는 단순성을 말이죠.

MP 지금 얀에게 불이 보여요.

얀 불이라니요?

MP 나는 아무 준비도 하지 않아요. '그것'을 알아보는데 깨달음이니 뭐니 하면서 준비가 필요할까요? 그러나 불에 대해서는 민어요. '그것'을 알아채기 위해서는 불, 즉 열정이 있어야 하죠.

얀 무슨 뜻인지 알겠네요.

MP '그것'은 너무 단순해서 수행할 필요가 없어요. 아무 준비도 필요하지 않아요. 수십 년 동안 수행하는 사람들도 많지만…… (심각한 표정을 하며) 나는 어떤 수행 도구도 쓰지 않아요. 예를 들어, 붓다는 모든 수행에 지치고 실망했지요. 결국 두 손 들었을 때 그냥 '그것'이 드러났어요.

얀 수행할 과제가 없다는 사실을 인식한 겁니다.

MP 자신은 자유로운 존재라 하면서 자유를 얻을 도구가 필요하다면 모순이지요.

얀 어떤 수행자가 얼굴에 있는 점을 발견했어요. 그는 점을 없애려고 거울을 열심히 닦았죠. (웃음)

MP 본성을 두고 모양을 바꾸려는 노력이지요. 그래서 나는 강조해요. "자신을 대상화시키지 마라!" 어느 깨달은 선사는 말했어요. "거울에 티끌이 없으니 닦을 것이 없다." 깨끗이 닦아야 한다면, 바꾸어야 할 누군가 있다는 말인데, 완전히 초점이 빗나갔죠.

선불교 6조 혜능의 게송(偈頌)을 인용하고 있다.
"보리는 본래 나무가 아니요, 밝은 거울은 받침대가 없네.
본래 한 물건도 없거늘(本來無一物) 어느 곳에 먼지가 끼겠는가." — 옮긴이

얀 깨달음은 자신을 바꾸는 상태가 아니죠. 자신이 먼저 사라져야 '그것'이 온다고 토니가 말했어요.

MP 문제는 그것을 찾는 수행자입니다. 밖에서만 찾는 것이지요. 수행자에게 그냥 물어보세요. 거기 누구 있나요? 그럼 모든 것이

떨어져 나가죠. 도대체 거기에 어떤 개인이 있겠어요?

안 멋지네요.

MP 단순하죠. 뭘 자꾸 하려고 매달릴 필요가 없어요. 집착만 버리면 끝이죠.

안 습관이 문제였군요.

MP 수행자는 이렇게 말하죠. "버리는 일도 힘이 드네요." 그럴 때 나는 대답하지요. "힘든 이유는 당신이 무언가에 매달려 있기 때문입니다."

안 집착만 버리면 원래 상태로 돌아옵니다. 그럼에도 구도자는 수행을 멈추라는 말을 싫어합니다.

MP 그렇게 말하면 영업이 안 되죠. 그런 스승은 따르지도 않고요.

안 그래요. 인기가 없지요.

MP (심각한 표정으로) 한 번이라도 '이것'을 보면 가치를 알게 된답니다. 노력을 그만두는 것은 마음 입장에서는 매력이 없겠지만, 노력하면 할수록, 점점 혼란에 빠지게 됩니다.

안 그래서 모임을 그만두셨군요.

MP 엉터리 스승이 엉터리 제자를 만듭니다. 뭐 크게 잘못된 일은 아니지만. 그런 행태도 게임의 일부 아니겠어요? 나도 예전엔 엉터리 모임을 열었으니까요.

안 알겠습니다. 여기는 어떤 스승을 심판하는 자리가 아니죠. 생각을 강요할 수 없고, 그럴 필요도 없죠.

MP '이것'을 알지 못하는 사람들이 많아요. 단순성을.

안 극소수에게만 '그것'이 주어진다 생각하지요.

MP　'이것'이 얼마나 자명하고 단순한지 알면 누구라도 '이것'을 이룹니다. 깨달음이니 해탈이니 하는 말은 인위적이에요. '이것'은 인간의 기본권이지요. 이 얼마나 아름다운가요?

얀　'이것'에 대해 같은 생각을 가진 사람을 만나면 즐겁습니다.

MP　은총이라고 부를 수도 있지요. 자기 스타일로 살아가는 삶이죠. 수행하든 말든 때가 되면 동전은 떨어지고 모든 것이 떨어져 나갑니다. '이것'은 정말 쉽지만 이상하게도 아주 드물지요. 스승 중에도 '이것'을 알아보는 사람이 거의 없어요.

얀　사실 스승이랄 것도 없지요.

MP　맞아요. 스승도 제자도 없고, 가르침도 깨달음도 없지요. 영적 모임이랄 게 꼭 있겠어요? 배움이나 가르침은 '이것'과 아무 상관이 없어요. 그런 것들로는 이 텅 빈 충만한 바다를 바꿀 수 없어요.

얀　'이것'을 어떻게 생각하든 '이것'과 관계가 없죠.

MP　칭찬하든 욕하든 '이것'과 무슨 상관이 있겠어요?

얀　참 편하네요.

MP　그건 환상적인 자유랍니다.

얀　요즘에 '이것'을 직접 알아보는 사람이 늘어나고 있어요.

MP　30년 전에는 쉽지 않았지요. '그것'을 찾기 위해 인도까지 가는 사람도 있었어요. 지금 런던에는 '이것'을 가르치는 스승들이 많아요. 아름다워 보이지만 또 한편으로는……

얀　어두운 면도 있겠죠.

MP　지혜의 말도 많이 쓰면 싸구려가 되죠. 깨달음이니 해탈이니 하는 말도 마찬가지에요. 예전엔 이 말이 참 귀했지만……

얀 깨달음 과정이 그리 중요한가요? 파파지를 어떻게 만나고 그
   와 함께 어떻게 '그것'을 찾아냈는가 하는 이야기 말이에요.
   나는 깨달음의 경험담을 읽거나 쓰고 싶지 않아요. 자신과 비
   교하게 되잖아요? 경험담은 영웅에 관한 이야기일 뿐 '그것'
   에 관한 이야기는 아니잖아요?

MP 나도 경험담을 좋아하지 않아요.

얀 구도자들은 영적 영웅을 찾고 있어요. 강한 카리스마를 가진 스승
   말이에요. 그들은 인생을 더 영적인 것으로 만드는 일로 바쁩니다.

MP 맞아요.

얀 수많은 종교 서적들, 수많은 학파들은 '그것'과 상관이 없어요.
   어차피 돌아갈 곳은 정해져 있으니까요. 굳이 위대한 스승을 찾
   는다면 그건 각자 일이지요.

MP 맞는 말이네요.

얀 단지 지켜볼 뿐이죠. 매달려 찾는 대상이 없어질 때까지 말입니다.

MP 단순한 '이것'을 알아본 뒤에는 아무것도 할 필요가 없답니다.

얀 갈 곳도 없고, 찾을 것도 없고, 할 일도 없습니다.

MP (열정적으로) '이것'을 알아본 것은 우주적 행운이에요.

얀 모든 것이 제대로입니다.

MP 전부 제자리에 있어요.

얀 하딩과 이 단순성을 알아봤어요. 실험 후에 자명해졌어요.

MP 전부터 알고 있었겠지요.

얀 맞아요. 원래 알고 있던 '그것'을 다시 알아차렸죠.

MP 실험은 단지 확인이지요.

안 맞아요. 이젠 더 이상 실험이 필요 없어요. 처음엔 번쩍하며 지나가죠. 이젠 저절로 떠올라요. 글을 읽을 때나 혼자 있을 때도 떠오릅니다. 배경이 차츰차츰 전면으로 떠오릅니다. 이런 건 과정도 아니고 성공담도 아닙니다.

MP 무슨 뜻인지 알겠네요.

안 TV를 보고 있을 때, 운전할 때, 자전거 탈 때도 떠오르죠. 나는 늘 있다고 생각해요. 왔다가 가지 않고 언제나 있는 '그것', 전에는 기분이 나쁠 때나, 몸이 아플 때나, 생각에 빠져 있을 때 '그것'을 잃어버렸다고 생각했죠. 그런데 토니는 '그것'이 언제나 내게 있다고 확인시켜 줬어요. '그것'이 바로 자신인데, 어떻게 자신이 자신을 떠날 수 있겠어요?

MP 그 사실을 알게 되면 마음이 놓이지요.

안 나는 영웅담을 많이 읽었어요. 신비로운 경험들. 종교 서적에 많이 나오잖아요.

MP 그렇지요.

안 그런 책은 초월적 경험을 기대하게 만들죠. 모든 욕망을 단번에 끊어줄 그런 경험 말이에요. 그런데 토니가 소리쳤죠. "집어치워! '그것'은 경험이 아니야. 갑자기 또는 서서히 올 수 있다고. 그러니 사건을 기다리지 마." 기다림이란 시간을 믿고 있다는 증거죠. 그리고 경험이란 분리된 나를 바탕으로 합니다. 하지만 깨달음은 개인적 성취가 아니며 시간 너머에 있죠. 때론 개인으로 느껴지지만 문제 되진 않아요. 그래서 안심됩니다. 새로 태어난 느낌이죠.

MP 자신을 특정한 인간으로 느껴도 문제는 없어요. 그런 착각을 한다고 '이것'에서 벗어나지는 않아요. 자신이 '이것'에서 제외된 것처럼 느낄 때도 있겠지만 큰 문제는 아니지요. 나도 박수 받을 때는 특정한 개인인 양 우쭐했지요. 그래서 뭐가 문제란 말인가요? 어떤 것도 본성을 티끌만큼도 손상시킬 수 없는데.

얀 (나라는 말도 조금 이상하지만) 나의 본성이 모든 것을 수용하는 '그것'이라면, 나를 비롯해 누구도, 무엇도 '이것'에서 제외될 수가 없어요.

MP (열정적인 말투로) 바로 그거예요!

얀 의과대학 시절 명상이나 요가도 해 보았고, 영성에 관한 책도 읽어 보았지만 만족할 수 없었죠. 그런데 한번 불이 붙자 돌아갈 길이 없었어요.

MP 그랬군요.

얀 생활 태도가 영적이지도 않았어요. 단 호불호는 확실했죠. 베단타와 선을 접하기도 했지만…… 이제는 할 일이 별로 없어요.

MP '그것'을 알아차린 후에는 그냥 본래 모습으로 살아낼 뿐이지요. (침묵) 그냥 손가락 하나로 확인할 수 있답니다. 바로 이거죠!

얀 맞아요. 이미 있는데 사람들은 믿지 못합니다.

MP '그것'을 믿기 위해 안내자를 찾는 사람도 있지요. 자신의 본성인데…….

얀 신나고 흥분되는 이야기를 바라는 사람이겠죠.

MP '이것'을 하찮게 여기는 사람도 있답니다. '그것'을 보았는데도 특별한 경험을 계속해서 찾아요. 그래서 나는 늘 말한답니다.

이미 가지고 있는 '그것'을 사랑하고 '그것'과 사랑에 빠지라고.

얀 '존재'의 단순함과 사랑에 빠진다…….

MP 사랑하지 않으면 찾아도 다시 잃게 됩니다. 성서에는 '돼지에게 진주를 주지 마라.'는 말이 있어요. 보물을 주어도 가치를 모르는 사람이죠. 이상하지만 그런 사람이 많아요. 자신의 마음에 끌려 다니는 사람들이죠.

얀 폭죽 터지는 사건을 바라는 이유가 있어요. 완벽을 바라기 때문이죠.

MP 잘못된 길로 인도하는 스승과 책들도 많답니다.

얀 깨달음은 완벽하게 된다는 뜻이 아닌데 말이에요.

MP 얀은 변별력이 있어요. 그것이 당신 도구였지요.

얀 난 누구에게도 집착하지 않았고 공부 모임도 나가지 않았어요. 지금은 변별할 것도 없죠. 모든 것이 '이것'에 포함되니까요. '이것'은 개인적 성취가 아닙니다. 어떻게 일어나는지도 모릅니다. '그것'은 말로 표현할 수 없어요. 언제나 이대로 있죠. 장애물은 항상 나 자신이었어요.

MP 무엇 덕분에 깨달았다는 말에는 의미가 없답니다. 비밀도 아니고 어떤 일인지 나도 몰라요. 물론 스승을 만나기는 했지만, 결국 찾아서 되는 일은 아니었어요.

얀 정말 그래요.

MP 확실한 건 이것을 나누는 기쁨이랍니다. 이것을 알고 싶은 사람들에게 나누어주고, 이미 알고 있는 사람들에게는 확인만 해 줘도 얼마나 즐거운가요. 지난번에 하딩을 만나 얼마나 반가웠던지요.

얀 당신도 하딩을 만났군요.

MP 무엇을 바라고 만난 건 아니에요. 만나서 내가 변하지도 않았고요.

얀 아무 기대가 없었나요?

MP '그것'을 나누는 즐거움이 있죠. 그런 이유로 토니도 만나고 싶어지네요.

얀 '그것'이 발전해 나간다고 생각하나요?

MP 그걸 하딩에게 물어본 적이 있죠. 그분은 니이가 들면서 마음이 깊어지는 면이 있다고 하셨어요.

얀 그건 모순 아닌가요? 마음은 게임인데 말이죠.

MP '그것'을 표현하는 지혜가 성숙된다는 뜻이겠죠.

얀 '그것'은 시간을 벗어나 있고 결코 변하지 않죠. 그러면서도 언제나 다른 모습입니다.

MP 그래서 찾아서 될 일이 아니에요.

얀 우리가 만나거나 헤어져도 '이것'이 변하지는 않죠. 이것은 목적이 없어요. 어떤 시간, 과정도 없고, 수행도, 노력도 아니죠.

MP 한 번 본 사람은 더 이상 할 일이 없어요. 모든 일은 저절로 벌어지고 그냥 바라보면 된답니다.

얀 '그것'을 굳이 말로 하자면 해탈이죠.

MP 모든 수행에 지쳐 버리기 전까지는 허상만 보게 되죠. 그러나 구도를 멈췄을 때 비로소 걱정도 없게 됩니다.

얀 걱정할 개인이 애초부터 없었으니까요.

MP '그것'과 있으면, 나라는 느낌이 사라지고 문제가 없어집니다.

얀 어떤 일이든 일어나려무나.

MP 예상치 못한 일이 삶에 활력을 주게 되죠. 삶이란 단순하기 때문에 위대하지요. 그리고 신선해요. 앞으로 어떤 일이 일어날지도 걱정할 필요가 없어요. 왜냐하면 '앞으로'는 '존재'하지 않으니까요.

얀 삶에 목표가 없다면 미래는 존재하지 않아요. 이 사실을 알아차림이 진정한 자유입니다. 과거도 없고 미래도 없다면 일어난 일도 없고 일어날 일도 없죠.

MP 바로 그거예요.

얀 "현재를 살아라."란 말이 있죠? 현재의 삶이란 시간적 개념이 아니라 개인적 관점을 개입시키지 않는 삶을 말합니다. 이것은 원인과 결과에서 완전하게 벗어난다는 뜻입니다. 과거도, 미래도 존재하지 않고 심지어 개인도 존재하지 않는다는 사실을 알아차리면 갈 곳도 없고 할 일도 없죠.

MP 브라보! 영적 분위기 없는 단순함, 그것이 지복이지요. 그것의 핵심은 관념과 믿음으로부터 벗어나는 자유랍니다.

얀 이래라저래라 하는 내면의 목소리에서도 벗어나는 겁니다. 그런데 무관심을 걱정하는 사람들도 있어요. 이것을 본 후에도 우리는 생각도 있고 느낌도 그대론데 말이죠.

MP 그래요. 나는 이렇게 외치고 싶어요. "인생 드라마는 끝났다. 이것이 자유다!" 그러면 물처럼 살아집니다.

얀 단순한 '하나'는 계속 진행됩니다.

MP 맞아요. 바로 그것!

네이선 길 *Nathan Gill*

- 영국 남부 철도 노동자 집안에서 태어남.
- 노동자, 농부, 원예사.
- 어릴 때부터 몸과 우주에 대한 관심이 컸으며, 채식을 실천하고자 농부, 원예사가 되었다. 몸을 탐구하는 극한의 신체 수행 중 심각한 부상을 당한 후 우울증에 빠져들었다. 그 후 네이선은 영적이고 비의미적인 분야에 몰두하였다. 그는 오랜 기간의 구도 행각으로 평생 생활고에 시달렸고 경제적 문제로 두 번이나 이혼을 당해야 했다. 2008년부터 건강을 잃기 시작한 네이선은 정부 실업 지원금을 푼푼이 모은 돈으로 비행기 티켓을 구입하여 토니 파슨스의 강좌에 참석하였다. 네이선은 토니의 한마디(This Is It!)로 모든 구도 행각을 던져 버리고 마음의 평안을 되찾았다. 2014년, 더 이상 일을 할 수 없을 정도로 건강이 악화된 네이선은 고통스럽게 생명을 연장하기보다는 자신의 신체 수명(Life Span)을 스스로 끝내 버렸다. 오랫동안 심신을 연구해 온 네이선은 스스로 생명의 존엄성을 지켜내며 세상을 넘어선 것이다.
- 저서로는 『Being: The Bottom Line』 『Already Awake』 『Clarity』 등이 있다.

찾은 자의 도착점은
아무것도 찾을 필요 없는 곳이다.

– 네이선 길

자명하게

Make it clear

네이선 길과의 대담, 2000. 5.

얀 모든 것의 단순함. '의식'의 본성을 알아차렸을 때 모든 질문이 사라졌습니다.

네이선 길(이하 NG) 사람들은 찾고 있지만 자신이 누구인지 이미 알고 있어. 그러면서도 어떤 체험을 바라지.

얀 맞습니다.

NG 기다릴 필요 없이 지금 이대로야. 깨달음이란 깨달을 것이 없다는 사실을 깨달은 상태야.

얀 많은 구도자들은 '번쩍!' 하며 세상이 바뀌길 바라죠. 완벽한 황홀경을 기대합니다.

NG '의식'을 신으로 불러도 좋아. 모든 순간, 모든 것에 나타나고 있으니까. '의식'은 지금 얀과 길로 나타나 이야기하는 중이야.

얀 '의식'을 찾겠다고 돌아다닐 필요도 없겠죠?

NG 사람들은 인생사를 해결하고 싶어 하지. 그래서 영적 경험을 얻고 싶어 한다네. 그런데 경험의 주체가 누구란 말인가? '그것'은 '의식'일 뿐이야. 그렇게 간단하지. 하나의 '의식'이 모든 사람들로 이곳저곳에 나타난다네. 살면서 겪는 고통도 '의식'에 포함되지.

안 너무 분명해서 처음에는 못 알아보죠. 마음을 유혹하는 매력도 없고. 이건 미라가 한 말이에요.

NG 깨달음이란 특별하지 않고 단지 관점의 변화라고 할 수 있어. "바로 이거야!" '그것'을 알아도 인생은 전과 다를 바 없이 그냥 흘러가지.

안 과거와는 다른 관점이라는 말이군요.

NG 이미 예전부터 드러나 있는 '그것'이 지금 눈에 띄는 거야. 그때 모든 탐구는 끝나지. 말할 수 있는 건 안이 곧 '의식'이라는 사실 뿐이야. '그것'이 존재하는 모두니까. 자네가 무엇일 수 있겠나? 세상에 '의식'만 존재하는데, 그리고 '의식'이 세상 전부인데 말이야.

안 모두 '의식'뿐이다. 이 말조차 관념이죠.

NG 맞아. '그것'을 가리키는 정도는 할 수 있지. 굳이 말로 하자면 '의식'은 '존재'하는 모든 것이라네. 이런 관점에서 본다면 자네가 '의식'이고 신이야. 그걸 보지 못해도 '그것'은 존재하지. 모든 일상도 바로 '그것'이지. 분노와 고통까지도 모두 포함된단 말이야. 모두 '의식'뿐이야.

안 발세카도 강조했지만, 대부분 구도자들은 이해하기 힘들지 않을까요? *

---

* 발세카의 관점은 "모든 것은 '의식'이며 인간은 행위자가 아니라는 것"이다.

> "인간은 행위자가 아니므로 업보나 카르마가 없으며 죄악도 심판도 없다."
> -발세카의 마하라지와의 대담 ― 옮긴이

NG 수행을 포기한 구도자들은 이 뜻을 알 거야. 못할 짓 없이 다해 본 사람들 말이지.

얀 맞아요. 수행에 탈진해 버리면 받아들이겠죠. 『자명Clarity』에 나오는 단순성과 평범함을 말이에요. 책에는 이런 문장이 나옵니다.

꽃밭에 있었는데, 비가 주룩주룩 내렸다.
고개 들어 바라보았다.
나는 여기 없다.
이…… 느낌.   『자명』9쪽

NG 그때 생각했지. 바로 '이것'! 꽃밭에서 나는 이미 갖고 있던 '그 것'을 다시 수용하게 된 거야. 그 후 그것이 가끔씩 일어났다가 사라졌어. 나는 당황했지. '전에는 경험했는데 지금은 아니네?' 나는 혼란스러웠어. 나는 다시 경험이 일어나 깨달음을 확인시 켜 주기를 갈구했지. 그러던 중 수잔 시걸의 『무한성과의 충돌 Collision with Infinite』을 읽었지. 말년에 영적 경험을 하지 못해 심하게 좌절했던 그녀의 느낌이 적혀 있었어. 수잔도 그 때문에 심한 혼란과 좌절을 느꼈던 거야!

> "1982년 27세 되던 해, 나는 무한성의 충돌로 인한 빛을 경험했다.
> 그 빛(경험)이 단절된 노년의 나는 어두운 심연의 나락으로 떨어지고 있었다."
> 『무한성과의 충돌』1996, 241쪽 ― 옮긴이

얀 그럴 수 있겠네요.

NG 분명히 '그것'을 알았지만 경험이 사라진 후에 혼란을 겪었던 거야.

얀 경험이 지나간 후 "나는 완전히 깨닫지 못했어. 이 '하나'의 느

끔은 계속되어야 해. 황홀경이 지속돼야 한단 말이야!" 이런 식으로 생각했겠죠.

NG 맞아. 하지만 결국 깨달았지. 꽃밭 사건은 그냥 경험일 뿐임을.

얀 토니도 말했어요. "경험은 집어치워! 경험을 기다린다면 '이것'을 부정하는 행위야. 아직 멀었다는 증거라고."

NG 경험이고 초월이고 뭐고 그런 게 중요한 게 아니지.

얀 마하리쉬 재단의 잡지 『자아 탐구Self Enquiry』에서도 그 말이 나오죠.

NG 나의 청중들은 수행이란 수행은 모두 해 본 사람들이야. 영적인 모든 책을 읽어 보았고, 나를 만나기 전에도 '그것'을 알고는 있었어. '존재'하는 모두가 '의식'임을. 하지만 그것을 증명해 주는 경험을 애타게 바라고 있었지.

얀 그렇군요.

NG 나는 말했지. '그것'은 어떤 경험이나 스승도 증명해 줄 수 없다고. 누구든지 이미 '그것'이니까.

얀 물이 자신의 물기를 증명해 달라고 애원하는 행동과 같군요.

NG 인증 따위는 '의식'에게 아무 상관없지. 단지 영화 속 구도자에게는 중요한 일이겠지. 탐구를 지속하고 싶어 하니까.

얀 그래서 불가능하죠. 구도자는 득도자가 될 수 없잖아요?

NG 찾은 순간 찾을 것이 없었다는 사실을 알게 되지. 자신이 바로 찾으려 했던 '그것'이니까.*

---

* 찾음의 주체가 곧 찾음의 대상이다. 찾음과 찾음의 주체 모두 유령이므로 동격이다. 인식하는 주체와 인식의 대상이 따로 있지 않고 인식만 있을 뿐이다.

얀 사람들은 책을 읽고 엄청난 기대감을 갖죠. 스승의 전설을 듣게 되면 자신이 부족하다며 좌절합니다. 지금 자신과는 전혀 다른 사람이 되기를 기대하고 황홀경에서 살기를 원합니다. 엄격한 방식으로 살면서 특별한 경험을 바라죠. 스승으로부터 깨달음이 전수되기를 바랍니다.

NG 그래서 더욱 혼란스러운 거야.

얀 구도자는 '그것'을 한 번 보고 나면, 완벽한 인생을 살 수 있을 것이라 기대합니다. 깨달으면 골치 아픈 문제들이 사라지고, 어떤 것에도 집착하지 않고, 걱정이나 두려움이 없이 살 것으로 기대합니다. 이런 기대는 깨달음과 정반대죠. 깨달음은 걱정과 두려움을 포함한 평범한 일상입니다.

NG 구도자는 높은 경지를 기대한다네. 하지만 모든 상태는 계속해서 변하지. 추구해서 얻은 것은 속성상 유지할 수 없기 때문이야. 마하리쉬를 생각해 보게. 보통 사람과 똑같은 문제를 가지고 있었어. 그는 평생 위장병에 시달리며 살았어. 환상적인 체험을 기다릴 테지만 다 헛일이야. 평범한 삶이 있을 뿐이지. '의식'은 이런 평범한 삶을 통해서 드러난다네.

라마나 마하리쉬는 30대부터 만성 위염에 시달렸다. 중년 들어서는 흡연으로 인한 호흡기 질환을 앓았으며, 말년에는 우측 상지에 흑색 종양이 발견되어 팔을 절단해야 했다. 그는 수술을 거부하고 방사선 치료로 대체한 후 1년도 되지 않아 피부 흑색종이 전신으로 전이되어 1950년 4월 14일 생을 마쳤다. — 옮긴이

얀 나에 대해 말한다면, 수행 후 뭔가 특별함을 얻은 것이 아니라 구도 행각이 완전히 끝났다는 겁니다.

NG 구도가 끝났다 해서 로또 당첨을 싫어하지는 않지. 더 편안하고

행복한 삶을 원할 수도 있다네. 이를테면 피크닉을 가거나 가끔 명상도 할 수 있겠지.

얀 깨달음 후에도 잡념이 생기지만 '그것' 이상을 바라지는 않죠. 그냥 평범하게 살게 됩니다.

NG 그러면서도 자신이 누구인지 분명히 알고 있지. 우리 모두 '의식'이라는 새로운 관점으로 삶을 사는 거야. 이를테면 비행위자의 삶이지. 그랬다고 해서 비행위적 경험만 해야 한다는 말은 아니야. 개인적 경험도 일어날 수 있지. 그러나 개인적 신이나 개별적 '의식'을 찾지는 않는다네. 모든 것이 하나의 '의식'임을 알아차렸으니까. 만일 습관적으로 수행한다면, 그 또한 큰 문제는 아니겠지. 그것조차 '의식'이 하는 일이니까.

얀 마음이 놓이네요.

NG 평범하게 사는 거야. 누구든지 저절로 살아진다는 말일세.

얀 '이것'이 주제의 전부입니다.

NG '이것'을 확인한 사람들이 모이면 즐겁다네. 물론 얻을 건 없고. (웃음)

얀 그렇죠.

NG 그런데 '이것'을 모르는 스승도 많고 제멋대로 해석하기도 하지. 사람들은 '그것'을 체험하고 싶어 하지만 어림도 없지. 모든 것은 하나의 '의식'이고 '그것'만이 완전하다네.

얀 맞습니다. 지금 여기에 존재하면 완전합니다. '그것'이 여기에 있으니까요. 이 말은 삶의 문제까지 없어진다는 뜻은 아니죠.

NG 자네가 오직 하나의 '의식'이란 의미에서 신일 수도 있다네. 그러니 지금 완벽한 상태가 아닌가! 가끔 두통으로 타이레놀을 먹어도 본성은 알고 있지.

얀 어떤 문제가 있든지 '이것'은 요지부동이죠. 모두 제대로입니다.

NG 모든 일, 모든 존재는 '의식'의 드러남이니까.

얀 우리가 '그것'이므로 '그것'을 위해 어떠한 준비도 필요 없죠. 자신을 바꿀 필요도, 정화나 힐링도 필요 없어요. 미라가 말했어요. "아무도 '이것'을 나로부터 떼어낼 수 없습니다. '이것'에서 도저히 도망갈 수가 없어요. 얻거나 버릴 것도 없지요."

NG 맞는 말일세.

얀 『오픈 시크릿』을 읽고 더욱 자명해졌어요. 5년 전이면 이해를 못 했겠죠.

NG 모든 것의 단순성! "당신은 의식이다. 그것이 존재하는 모든 것이다." 나는 항상 이렇게 말한다네. 그래서 인기가 없지만. 사람들이 '이것'을 이해하고 못하고도 상관없다네.

얀 뭐든 상관없지요. 같은 바다, 다른 파도들이죠.

NG 구도자는 단지 탐구를 좋아하는 사람이야. '의식'이 연기할 뿐이지. 구도자는 탐구하는 배우라네. 그런데 '그것'은 아무 목적이 없어.

얀 토니가 말했어요. "우리는 더 나은 사람이 될 필요가 없다. 해탈이란, 트로피가 아니다. 얻을 것도 없고 갈 곳도 없다." 당신 책에는 이런 말이 나옵니다.

개인으로 보이는 사람이 자기 향상과 영적 생활에 매진한다면 영화 속 연기자이다.
— 『자명』 25쪽

몇 년 전이라면 이 말을 이해하기 힘들었겠죠.

NG 자네는 『집으로 오는 길』에서 영적 진화를 말했지. 물론 개인적 진화는 아니겠지만. 책을 쓰는 동안 더욱 자명해졌지?*

  토니와 발세카를 만나고 얀이 더 자명해진 상태 아니겠는가?

얀 하딩과 볼더 그리고 클랭도 있었죠. 당시만 해도 관념이나 기대 감이 있었죠. 그래서 책의 처음과 나중이 다를 수 있어요. 토니 가 몇 가지 지적했어요.

NG 평화를 위해 집착을 벗어나라는 대목 말이지? 하지만 평화 역 시 관념 아닌가?

얀 그때는 초심자를 인도하려 했죠. 성장했을 때 관념을 알아차릴 것이라 예상하고요. 어떤 책도 절대적이지 않아요.

NG 그랬었군. 나는 『자명』을 며칠 만에 썼는데, 자네는 『집으로 오 는 길』을 쓰는 데 3년 걸렸지. 그 과정에서 깊어졌겠지.

얀 나중에 삭제한 곳도 많아요. 이 책은 어느 정도 단계에 올라온 독자를 위해 썼어요. 하지만 단계도 관념이죠.

NG 나도 그래. 청중들은 건강이나 인간관계 같은 개인 문제를 해결 하기 위해서 모임에 온다네. 하지만 내 강의 주제는 그게 아니 야. 나는 '자명'이 궁금한 사람만 상대하지. 이 점에선 얼렁뚱땅 넘어가지 않아.

얀 토니는 "더 이상 갈 곳이 없고 모든 방법이 쓸모없다."고 하지 요. 이 말을 이해 못하는 수행자가 많아요. 뭔가를 하고 싶어 모

---

* 『집으로 오는 길 Coming Home』은 벨기에에서 2001년 4월에 출판된 책이다.
  네이션이 말하는 내용은 출판 전 원고이다.

였기 때문에 실망하죠. 요가나 태극권 또는 초프라 명상을 배우길 바랍니다. 그러다가 선이나 베단타를 접하게 되면, 기술과 방편은 모두 버려야 합니다. 그것은 자동차 운전 같아요. 처음에는 생각하면서 운전하지만 나중에는 저절로 되잖아요. 물론 '이것'을 알아본 사람에게 해당되지만…….

NG 그렇지.

안 개정판에서 기술과 방편을 모두 빼 버릴까 생각했죠.

『집으로 오는 길』의 개정판은 『온 바 없다』이다. — 옮긴이

하지만 일시적 도움이 될 수는 있어요. 하딩의 실험은 감탄이 나오죠. 방아쇠 역할을 할 수 있어요. 하지만 나중에는 모두 삭제할 겁니다. 어떤 도구도 '있음'에는 방해가 됩니다.

NG 처음엔 어느 정도 도움이 될 수 있지.

안 먼저 문을 찾아야 하는 사람이죠. 하지만 문을 연 순간 문이 없다는 사실을 알게 되죠. 이를테면 비밀 통로 말이에요. '그것'을 찾기 위해 집을 떠나 헤매다 집으로 돌아와 '그것'을 발견합니다. 그래서 책 제목을 『집으로 오는 길』로 지었어요. 파랑새 이야기와 비슷하죠? 영적 여행자는 '그것'을 찾아 돌아다니지만, 집을 떠난 적이 없다는 사실을 알게 되죠. 본성을 발견하는 일도 이와 같아요.

NG 쓸데없음을 알기 위해서는 그 일을 해 보는 수밖에 없다네. 그러니 단계적 깨달음이나 영적 진화는 없어. 이 사실을 모르는 사람 역시 '의식'이며, 신의 화신이지. 이것이 지금 벌어지고 있는 거대한 게임이야.

얀 정말 그래요.

NG 자명성으로 책을 한번 써 보게. 본 바를 그대로.

얀 독자들도 나의 실수나 한계점을 눈치챘겠죠. 예시는 설명을 위해 인용했지만요.

『집으로 오는 길』에는 영적 수행 기법과 깨달음에 관한 사례가 다수 소개되어 있다. 반면 『온 바 없다』는 모든 방편을 없앤 요약본이라 할 수 있다. — 옮긴이

읽다 보면 믿음의 허구를 알아보겠죠. 읽고 있는 자신도 유령이라는 사실 말이에요. 모든 언어는 관념입니다. 태양이 '나는 빛이다.'라고 말할 필요가 없잖아요?

NG 다음 책에는 본성을 찾는 과정을 알려주면 재미있지 않을까? 자명성을 발견하는 내용 말이야.

얀 글을 쓰면 항상 문제가 생겨요. 이제는 할 말이 없어요. 다음번 책은 백지가 한 다발 묶여 있겠죠. (웃음)

NG 자네의 진화 이야기는 어떤가? 초심자에게는 자극이 될 수 있지 않겠나?

얀 같이 여행 가자고 독자를 꼬드기는 거겠죠? 하지만 이미 '그것'을 본 사람은 이렇게 말하겠죠. "왜 자신을 확인하려 하는가? 확인할 개인이 없는데 말이야." '그것'을 알아본 사람은 이 책이 필요 없어요.

NG 교정본을 보니 '그것'에 대한 증거를 내 글에서 찾았더군. 나는 '그것'에 대한 증거가 없다고 썼는데 말이야.

얀 그래서 당신 책을 추천했어요. 읽고 던져 버릴 수도 있지만, 나중에 다시 책을 들고 이렇게 말하겠죠. "이건 너무나 당연하

네!" 대부분 이런 식으로 '이것'을 알아봅니다. 핵심은 이거예요. "추구심이 없으면 구도자도 없고 깨달음도 없다. 그저 하나의 의식만 있을 뿐이다." '그것'을 손가락으로 가리키면 됩니다.

NG 그래서 제목도 『자명』이지.

얀 자명하다면서 그 책을 쓴 이유가 뭐죠?

NG 어떤 여성이 내 글을 읽는다는 말을 듣고 시작했지.

얀 저도 『The Headless Way』에 글을 실었고, 대화록으로 만들었죠.

NG 그 책은 언제 나오나?

얀 작년 여름인데, (웃음) 아직 못 끝냈죠. 아이디어가 자꾸 떠올라서요.

NG '의식'이 얀이 책을 쓰는 게임을 벌이고 있는 중이군.

얀 경험담을 쓰려는 생각은 없어요. 개인적 성취로 내세우고 싶지도 않고. 전체에 관한 책이죠.

NG 맞아. 경험을 쓰면 독자도 그런 걸 기대하지. 하지만 경험의 주체는 개인이 아니라 '의식' 아닌가! 행위자든 비행위자든 경험은 '의식'이 행하고 체험한다네.

얀 오늘 웨인 리쿼먼의 책 『존재의 수용Acceptance of What Is』을 받았어요. 웨인의 표현도 아주 자명합니다.

웨인은 '수용'이 명령어가 아님을 강조한다. '수용하라!'로 해석되면 조건 명령문이 되기 때문이다. 웨인에 따르면 '수용'은 조건 없이 만족된 상태이다. — 옮긴이

웨인은 깨닫는 개인도 없고, 규칙도 없고, 해탈한 육체도 없다 합니다.* 그러다가 59~60쪽에서 '그것'을 흘낏 봄을 묘사합니

---

* 『존재의 수용Acceptance of What Is』 146쪽

다. 그런데 스승 발세카는 '그것'이 아니라고 단호하게 말하죠. '그것'은 개인 소유가 아니며, 그것을 깨달을 개인도 없다고 말합니다. 이 대목을 보여 드리죠.

하나를 맛본 후 더 맛보고 싶었다. 경험이 지속되기를 원했다. 펄떡이는 물고기 꼴에서 벗어나고 싶었다. 항상 깨어 있고 싶었다. 항상 '있음'을 알아차려야 한다는 유혹이 왔다. 그러던 중 발세카와의 만남은 행운이었다. 그는 깨달은 사람이 나라는 어리석음을 해체시켜 주었다. 그는 비개인적 경험을 개인적 경험으로 받아들이지 말라고 충고했다.
나는 당황했다. 당시 나는 전체와 완벽한 일체감을 경험했기 때문이다. 하지만 발세카는 단호하게 말했다. 경험은 일별이며 '그것'은 아니라 했다. 그는 깨달음이란 전혀 다른 차원이며 '그것'을 얻고 누리는 개인은 없다고 했다. 깨달음이란 개인적인 황홀경이 아니라 말했다.

황홀경(Ecstasy)이나 지복(Bliss)은 철저히 비개인적 현상이지요. 61쪽에 이런 대목이 있어요.

나는 깨달음에 따르는 황홀경을 포기했다.

그런데 다음 문장은 오해 소지가 있어요.

성현들이 말한 깨달음은 전혀 다른 차원이다.

이 말은 깨달음이 높은 곳에 있다고 믿게 만듭니다.

(책에서는 깨달음을 얻는 개인이 없다고 하지만) 자신도 언젠가 발세카처럼 높은 경지에 오를 수 있다는 기대를 하게 되죠. 더 나아가서 진정한 깨달음이란 영원한 비행위자로서 '전체와 하나 됨'이란 거대한 관념을 갖게 되겠죠. 그렇게 되면 수행은 다람쥐 쳇

바퀴가 되는 겁니다.

NG 날카로운 지적이네.

얀 물론 발세카가 그런 의미로 말하지는 않았겠죠. 궁극적 깨달음은 성자나 비행위자의 전유물이 아니란 말입니다. 그 책을 읽은 후 '이것'이 항상 있어 왔다는 사실을 확인했어요. '있음'은 시간과 개인, 그리고 관념을 벗어나 있죠. 우리의 상태와 상관없이.

NG 물론 그렇다네.

얀 웨인은 이런 말을 했죠.

> 탐구는 모든 관념과 노력, 그리고 구도자까지 사라질 때 끝난다.
> '이것'은 '있음'이며 '하나임'이고, 이원성과 영원한 작별이다.
> 이것은 우리 모두가 공유하는 단일한 의식이다.
> 그러므로 깨달음이란 철저히 비개인적 관점이다.
>
> — 『존재의 수용』 74쪽

이 문장은 오해의 위험성이 있어요. 물론 웨인은 완전히 이해하고 썼지만요. 이 대목은 수행자가 항상 개인적 동기와 관념을 벗어나 '하나'에 머물러야 한다는 의무감을 갖게 만들 수 있죠. 말하자면, 자신이 개인으로 존재할 때는 '그것'으로부터 벗어나 있다고 오해할 수 있어요.

NG 개인적이든 비개인적이든 모든 경험은 단일한 '의식'이 만들어 내는 것이라네.

얀 모두가 가지고 있는 '의식'이 모든 경험의 주체입니다.

NG 바로 그거야. '의식'이 경험자라는 뜻이지. 거기 누가 있는가?

'의식'이 있을 뿐이다! '의식'은 어떤 경험을 할 때도 항상 있다네. 개인적이든 비개인적이든 말이야. 모임에서 '깨달음을 언뜻 보았다.'고 말하는 사람에게 나는 물어본다네. "보긴 뭘 봐?"

얀 발세카 지적이 맞아요. 언뜻 보았다고 '그것'에 가까워진 상태는 아니라 했어요. 그냥 눈앞에 아무거나 본 것이 '그것'이란 말입니다.

NG 깨달음에는 조건이 필요 없어. 비개인적인 상태여야 한다는 말도 아니지. 언뜻 보거나, 여기를 보나, 저기를 보나 다 똑같다는 말이야.

얀 굳이 비행위자 행세를 하며 돌아다닐 필요가 없다는 말이군요.

NG 명심하게. 자네가 어떤 경험을 해도 경험의 주체는 '의식'이야. 개인적이든, 비개인적이든 행위의 주체는 단일한 '의식'이고 '신'이라네.

얀 그 의미를 아는 사람이 적겠죠.

NG 이 질문을 잊지 말게! "이 경험의 주체는 누구인가?" 이 말은 자신의 본성을 즉시 알아차리는 질문이지. 비록 에고가 보았어도 '그것' 아닌 것은 없지. 언뜻 본 것은 작은 자아일 뿐이야.

힌두교에서는 작은 자아(atman)와 큰 자아(Atman), 선불교에서는 소아(小我)와 대아(大我)로 구별한다. ― 옮긴이

얀 자신이 행위자라는 생각도 작은 자아지요.

NG 그렇다네. 자네가 '하나'를 경험할 때, 이 역시 똑같은 '의식'이네. 경험하는 주체는 얀과 똑같은 '의식'이라는 말이야. '이것!' 바로 그 의식!

얀 무슨 일이든 보는 주체는 언제나 똑같은 '의식'이잖아요.

NG 황홀경이나 쿤달리니 경험을 해도, 비개인적 관찰을 하고 있어

도 똑같은 '의식'일세.

얀 그래요.

NG 웨인을 잘못 이해하면, 수행으로 '그것'을 얻는 것처럼 들린다네.

얀 이런 혼란이 올 수 있겠네요. '내가 없는 것을 얻으려면 어디로 가야 할까?'

NG 그렇지. 과거 자신의 깨달음 조건을 현재 제자의 조건으로 끼워 맞추는 스승도 있다네.

얀 자기 잣대로 기준 잡는다면, 자기 성취가 목표가 되겠죠.

NG 하지만 깨달음은 목표가 없지 않은가? '그것'을 이미 가지고 있고, 자신이 '그것'이니 말이야. 오직 그것만이 자명하지. 자명은 특별한 영적 상태가 아니라네. 깨달음에 집착하지 않고 지금 상태로 있는 것, 그것이 자명이야.

얀 술에 취했건 약에 취했건, 에고에 집착하든, 집착하지 않든 관계없지요. 왜냐하면, '그것', 즉 '의식'은 언제나 있기 때문이죠.

NG '그것'이 본성이야.

얀 아무도 '그것'을 빼앗을 수 없습니다. 그런데 현자들은 항상 비행위 상태로 산다는 이야기가 있지요. 하지만 그런 오해도 '그것'을 방해할 수 없어요. 아무도 '그것'에서 도망칠 수 없습니다.

NG 알아챘다니 반갑군.

얀 '그것'은 원래부터 존재했죠. 그럼에도 '그것'을 알아가는 과정을 거칠 수 있지만, 과정조차 '그것'의 일부겠죠.

NG 나는 '그것'을 자명하게 도와줄 뿐이지. 이건 플레이어가 하나 뿐인 게임이야.

안 맞아요. '그것'은 단일한 '의식'입니다.

NG 이 게임은 승자도 패자도 없지.

안 찾다가 '그것'을 슬쩍 보면 희망을 갖죠. '이제 조금만 더 노력하면 찾을 수 있어!' 그런데 누가 말합니다. "너는 원래 잃은 적이 없어." 이 말을 이해한다면 다시는 잃어버릴 수 없습니다.

NG 진짜로 할 일이 없지만, 이런 편한 말을 좋아하는 사람은 거의 없다네. "집에 다 왔어! 더 갈 데가 없다니까? 게임 끝이야. 그냥 확인해 봐. 세상에 '그것' 아닌 것이 없다니까." 이런 단순한 이야기를 말이야.

안 이런 이야기를 반대하는 사람도 있죠.

NG 구도자들이지. 그들은 텅 빈 상태를, 즉 순수한 대상을 찾고 있다네. 하지만 '그것'이 이루어지면 대상이 없게 되지. 그러니 얻을 수 없지 않은가? 혼란은 이처럼 찾는 행위에서 생겨난다네. 삶을 보게나. 그냥 흐르고 있지 않은가? 그것이 본성이야.

안 '이것'을 말하지 않아도 됩니다. 동네를 산책하거나 맥주 한 잔을 마셔도…….

NG 한 번이라도 이해하면 더 할 말이 없지. 내가 자네 몫을 담당해도 즐겁다네. 모두가 본성이지.

안 자명하네요.

NG 잊지 말게. 자네에게 없는 것을 내가 가질 수 있겠나? 난 겉보기에 전화선에 연결된 늙은 영감탱이일 뿐이지만, 우리 모두는 '의식'이야. 그 이상일 수 없지 않은가?

척 힐릭 *Chuck Hillig*

- 미국 시카고 출생. 오하이오 존캐롤대학에서 영문학과 철학 전공. 세인트루이스대학 공연예술, 아주사 퍼시픽대학에서 결혼과 가족 치료 석사.
- 해군 장교, 카운슬러, 어린이 상담사, 노동조합 상담사, 대학 강사로 일했다.
- 저서로는 『Enlightenment for Beginners』『Looking for God: Seeing the Whole in One』『Seeds for the Soul』『The Way It Is』『The Magic King』 등이 있다.

www.chuckhillig.com/ www.blackdotpubs.com
chuckhillig@yahoo.com

진리는 세 가지 속성이 있다.
그것은 누구에게나, 어디에나, 언제나 있다.
그러므로 당신이 구하는 깨달음은 없다.

– 척 힐릭

우주적
농담

The cosmic joke

척 힐릭과의 대담, 2000. 여름.

얀 『초심자를 위한 깨달음*Enlightenment for Beginners*』, 이 책은 무
엇을 말하고 있나요?

척 힐릭(이하 CH) "추구하는 대상은 바로 당신입니다. 당신은 마법의
게임에 중독되어 이 진리를 간과했어요." 이 책은 간단한 말
과 그림으로 이 게임의 희극을 보여줍니다. 어떻게 자신을 속
이며 그런 마법을 부리는지 말이죠.

얀 게임은 어떻게 만들어지나요?

CH '있는 척(표상, 表象)'이 '있는 그대로(실상, 實相)'보다 좋다는 믿음
으로 이 게임이 시작됐습니다. 이 믿음은 행복을 추구하게 만들
었죠. 하지만 추구로는 행복을 얻지 못합니다. 행복이란 관념은
고작 에고의 생존 수단입니다. 이 게임은 소멸되기 싫은 에고가
만들어냈죠. 에고가 빛 속으로 흡수되는 종말을 피하는 게임이
죠. 그러나 하나의 '의식' 앞에서는 에고가 사라집니다.

안 사람들은 왜 '있는 것'을 '더 좋은 것'으로 바꾸려 할까요? 모든 것이 제대로인데, 왜 이리저리 찾을까요?

CH 수행은 행위자 느낌을 강화시키죠. 지금 없는 것이 지금 있는 것보다 좋다고 생각되면 일상을 부정하게 됩니다. 그러나 의식은 있음과 없음을 대립시키지 않아요. 세상 전체가 '의식'이기 때문이죠. 그럼에도 에고는 끝까지 더 좋은 대안을 추구합니다. 주머니에 든 물건을 이리저리 찾아다니는 코미디예요. 그 결과는 다람쥐 쳇바퀴입니다. 자아 정체성이니 뭐니 하는 것은 유령에 불과합니다. 그러나 에고는 '이것'이 드러나면 소멸되기 때문에 수행을 계속합니다. 하지만 수행할수록 탐구의 주체(나)와 탐구의 대상('있음')이 분리됩니다. 우리는 우리가 찾는 존재입니다. 그러므로 우리로부터 도망칠 수 없습니다.

안 수행자들은 '미래의 깨달음'에 대한 희망을 품고 있어요. 깨달았다 소문난 스승 주위를 얼쩡거리며 나도 '그것'을 얻을 수 있다고 생각하죠. 깨달음을 스승이 제자에게 전수하는 물건이라 생각합니다. 그것만 얻으면 세상 문제가 사라질 것이라 여기죠. 하지만 깨달음을 바라는 자아는 유령에 불과합니다.

CH 맞습니다.

안 당신은 이런 말을 했어요. "구도 행위는 유령에 불과한 에고의 방어 기전이다." 그 말은 수행이 시간 낭비란 뜻인가요? 아니면 할 일이 없다는 말인가요?

CH 수행은 '언젠가'의 추구입니다. 언젠가는 고질적인 환상이죠. 미래가 어디에 존재한다는 믿음이에요. 미래란 특정 시간대에 개인이 존재한다는 착각입니다. 그러나 당신의 본성은 위치 없는 '의식'입니다. 무엇이든 '의식'으로부터 떨어질 수 없습니다. 그건 마치 물에서 수분을 떼어내는 일처럼 불가능하죠.

얀 그렇군요.

CH 어리석은 통념 한 가지가 있어요. 수행하면 언젠가 깨달음을 얻고 인생이 해피엔딩이 될 거라는 믿음입니다. 하지만 깨달음은 남의 주머니에 들어 있는 물건을 얻는 일이 아니죠. 그것은 이미 존재하는 본성을 확인하는 일입니다. 물론 확인 후에도 환상의 드라마는 계속되겠죠. 사막의 신기루가 허상으로 밝혀져도, 눈에는 진짜 호수로 보이거든요. 그러니 깨어남이란 꿈에서 깨어남이 아니라 꿈속으로 깨어남이죠.*

깨어나기 위해서는 꿈꾸는 '나'가 사라져야 합니다. 그렇게 되지 않으면, '나 한때 잠들었네.'가 '나 이제 깨어났네.'로 바뀐 몽환(夢換)이죠. 결론을 말하자면 개인의 깨달음을 도와줄 방법이 없습니다. 왜냐하면 나의 깨달음이란 본래 없기 때문이죠.

얀 만일 '의식'이 전부라면 행위자 역시 비행위자 못지않게 중요하지 않을까요?

CH 행위자나 비행위자 모두 관념일 뿐이죠. 개별적인 인식이나 비개별적인 지복도 없습니다. 따라서 어떤 것이 중요한가는 가짜 질문이죠. 깨달음이란 누구에게, 어떤 상태에서, 어떤 식으로 일어나는 사건이 아닙니다. 한편으로는 '의식'은 자신을 그런

---

* 레오 하딩 『Awakening to the Dream』(Non-Duality, 2003)

식으로(개인적으로) 인식하는 행위조차 허용합니다. 그렇다면 꼭 깨어날 필요도 없죠. '그것'은 그냥 있는 그대로일 뿐입니다.

얀 요즈음 비이원론에 관한 연구가 활발합니다. 비이원론은 언어로 표현할 수 없는데 왜 수많은 책들이 나오는 걸까요?

CH 그 점이 모순입니다. 한마디로 말해, 모임이든 토론이든 책이든 다 쓸모없지요. '의식'은 탐구할 필요가 없어요. 의식이 스스로 의식을 보기 때문이죠. 의식 탐구나 깨달음 같은 수수께끼는 논리 장애이며 말장난 입니다.

얀 당신의 '꿈속으로 깨어남(Awakening to the Dream)'의 요지는 무엇인가요?

'산다는 것은 잠자는 것이고, 죽는다는 것은 잠에서 깨어나는 것이다.'
척 힐릭『초심자를 위한 깨달음』127쪽 ─ 옮긴이

CH 의식에 대한 토론은 불가능하다는 말입니다. 나이아가라 폭포를 묘사한 글을 보는 것과 현장에서 직접 보는 것의 차이죠. 모든 언어는 이분법입니다. 언어는 이런 모순을 피할 수 없어요. 그래도 언어를 쓴다면, 자신을 잠깐 들여다보는 정도죠. 마음은 깨달을 수 없어요. 마음은 애초부터 깨어날 수 없습니다. 공부 모임이든, 명상이든, 경전을 암송하든, 만트라를 외치든, 깨달을 수가 없어요. 왜냐하면 이미 깨달아 있기 때문이죠. 당신의 본성은 원래 깨달음입니다.

얀 깨달음이 개인과 관계없다면 왜 어떤 사람은 깨닫고, 어떤 사람은 깨닫지 못할까요? 그리고 행위의 주체는 '의식'인데, 어떻게 깨달은 성자가 어리석은 대중을 구제할 수 있나요?

CH 성자든 현자든 '이것'을 독점하지 못합니다. '의식'이 펼치는 이 광대한 드라마는 영웅, 악당, 깨달은 자, 중생들로 가득 찬 우주를 창조할 만큼 거대하죠. 이 연극은 우주를 통째로 진행하고 있습니다. 깨달았다는 자가 중생을 구하겠다고 주장하는 이유가 궁금한가요? 그건 예전부터 반복되는 자기기만입니다. 신조차 자신을 정의하지 않습니다.

『신을 찾아서Looking for God』 "I am that I am." 나는 스스로 '있음'이다. — 옮긴이

안 베단타(Vedanta)에서는 시간, 공간, 개인까지 관념입니다. 하지만 사람들은 실천 불가능하다며 비웃죠.

CH 모든 것이 관념입니다. 인간이라는 말 역시 위장된 관념이죠. 그러니 기억하세요! '자아'는 '자아'가 아닌 척하고, '그것'은 '그것'이 아닌 척하고 있어요. 이 모든 '의식'은 환상적인 놀이의 중독입니다. 그것은 릴라(Lila) 안에서 기쁨을 드러냅니다. 성스러운 춤의 향연으로(Dance of the Divine).

릴라(Lila)는 산스크리트어로 '신의 놀이', '유희'를 뜻한다. 힌두이즘은 삶을 변화무쌍한 놀이에 비유한다. 삶이란 게임 속 아바타가 벌이는 농담과 유희로 보는 관점이다. 초기 불교는 인간의 삶을 고로움(Dukkha)에 비유하는 반면, 후기 대승불교는 삶을 유희삼매에 비유한다. — 옮긴이

삶이란 허상을 즐기고 싶어 하는 자기기만적 영화입니다. 아니라고요? 사람들이 한창 흥미진진하게 영화를 보고 있는데 갑자기 일어나 불을 켜고 소리쳐 보세요! "여러분! 이건 현실이 아니에요!" 그러면 관객들은 당신에게 소리칠 겁니다. "알고 있으니 입 닥치고 앉아!"

안 적절한 비유네요.

CH 마하리쉬는 말했어요. "오직 내가 있다. 그밖에 뭐가 있는가?" 마하리쉬 말대로 '나(I am)' 역시 엄연한 진실이죠.

마하리쉬가 말하는 '나'는 에고가 아니라 '참나'를 가리킨다. — 옮긴이

얀 그래요.

CH 물론 행위자가 없다, 모든 경험은 그냥 일어나고 있다, 자유 의지란 없다, 모두 맞는 말이에요. 그런데 그런 말로 뭘 어쩌란 말이죠? 댄서인 우리가 우주적인 춤을 추려면 거대한 환상이 필요하지 않겠어요? 놀기 위해서는 에고의 속임수도 필요합니다.

얀 우리가 이미 '그것'이라면 왜 영적 추구를 할까요? 사람들은 자신이 '의식'이라는 느낌은 없고 개인적인 고통만 가득하다 합니다. 말처럼 쉽지 않다고 하죠.

CH 모두 '그것'만 있을 뿐인데, 왜 영적 추구를 하냐고요? 그런 순진한 질문은 '인간'이라는 집단 환상 때문에 생깁니다. 인간이 없다면 무엇을 믿는가는 의미가 없죠. 모든 것이 '있는 그대로'입니다.

얀 수행자들은 깨달음을 너무 단순화시킨다고 반론할 수 있어요.

CH 하나의 '의식'은 단순 자체입니다. 분리될 수 없는 '있음'이죠. '그것'은 '분리'라는 흉내를 통해서도 가능합니다. 놀라운 점은 '이것'이 아닌 척하면서 '그것'을 드러낸다는 사실입니다.

얀 그렇다면 지금까지 경험하고 있는 모든 것들은 하나의 농담이란 말인가요?

CH 그것은 삶이라 불리는 희극적(Comic), 우주적(Cosmic) 게임, 신들의 댄스파티입니다.

웨인 리쿼먼 *Wayne Liquorman*

- 미국 출생. 작가, 출판업자, 무역상, 사업가, 카운슬러.
- 웨인은 30대부터 알코올 중독에 빠졌다. 그는 19년간 온갖 종류의 마약 중독자로 살던 중 어느 날 갑자기 각성했다. 1987년 인도로 넘어가 스승 라메쉬 발세카를 만나게 된다. 그 후 아드바이타 출판사를 만들어 라메쉬의 책을 출간한다. 책 중에는 라메쉬가 전하는 마하리쉬와 마하라지의 책들도 다수 포함되어 있다. 웨인은 『초심자를 위한 안내』를 쓸 때 이름을 감추고 싶어서 람쭈(Ram Tzu)라는 가명을 썼다. 현재 세계를 다니며 삿상을 하고 있다.
- 저서로는 『Acceptance of What Is』 『Never Mind』 『The Way of Powerlessness』 『Hello My Loves: 10 years of writing to seekers of Truth』 외에 람쭈라는 이름으로 쓴 『No Way for the Spiritually "Advanced"』가 있다.

www.advaita.org

깨달음이란 철저히 비개인적 관점이다.

이것은 있음이며 하나임이고

이원성과의 영원한 작별이다.

이것은 우리 모두 공유하는 단일한 의식이다.

그러므로 깨달은 스승이란 없다.

오직 유일한 스승은 삶 그 자체일 뿐.

삶만이 진정한 구루다.

– 웨인 리쿼먼

신발 속에
돌이 없다

No stone in my shoe

웨인 리쿼먼과의 대담, 암스테르담, 2000.

얀 당신 책 『있는 그대로 수용*Acceptance of What is*』 메시지는 무엇
인가요?

웨인 리쿼먼(이하 WL) '반응'입니다. 말이 저절로 나오죠. 특별한 이야기
가 있거나 가르친다는 뜻이 아닙니다.

얀 물건 팔려고 시장 나온 게 아니라 시장 구경하러 나왔군요.

WL 맞아요. 호텔 방 하나 잡아 주면 어디든지 갑니다.

얀 아하, 그렇군요.

WL 나를 통해 나오는 말은 발세카 영향을 받았죠. 그래서 개인은
의미가 없어도 개인적 표현은 나름 작용합니다.

라메시 발세카: 인도의 저술가이며 마하리쉬와 마하라지를 보좌했다. 특히 평생 동안
마하라지의 통역을 맡았다. 저서로는 『마하라지의 가르침』『담배 가게 성자』가 있다.
국내 번역서로는 『참의식이 말하다』가 있다. — 옮긴이

이 물건은 (자기 몸을 가리키며) 조건 따라 살아갑니다. 나의 말은

242

조건적 '존재'로서의 가리킴이죠. '그것'이 나를 통해서 밖으로 나옵니다. 나는 20년 동안 술과 마약에 절어 살다 갑자기 해방됐습니다. 지금 이 물건을 통해 '그것'이 반영될 뿐입니다.

얀 최근 경이로운 생각이 들었어요. '그것'은 여러 방향에서 접근해도 모두 '하나'에 도착합니다. '그것'은 정해진 길이 없어요. 모든 길이 집으로 돌아오는 길입니다. *

람쭈(Ram Tzu)는 말했어요.

산으로 오르는 길이 고되고 험한가?
가는 길은 수많은 갈래지만,
모두 기쁨의 봉우리로 가네.
람쭈는 '그것'을 알고 있어.
시냇물 같은 여러 길.
노력 없이 흐르지.
고통 없이 산 아래로 흘러간다네.
그리고 모두 사막의 모래 속으로 사라진다네.

람쭈는 스승 발세카가 지어 준 이름이며 본인의 아바타로 등장한다.
초기의 다른 책에서 웨인은 람쭈를 에고의 참나 변환으로 사용하기도 했다.
— 옮긴이

얀 목표든 결과든 같은 곳으로 합쳐진다는 말이군요. 그런데 이 시에서는 사라진다고 하네요. '그것'을 모래로 비유한 건가요?

WL 사막은 완전히 소멸되는 장소입니다. 평범한 자, 수행하는 자, 모두 사라집니다.

* 『No Way for the Spiritually "Advanced"』, Advaita Press, 1999.

안 구도자들은 깨달은 후에 어떻게 될까 궁금해합니다. 그런 궁금증은 분리된 개인의 입장에서 나오겠죠?

WL 깨달음과 인격의 변화는 상관관계를 따지기 어렵죠. 사람들은 많이 물어요. '깨달으면 무슨 일이 일어날까?', '나는 어떤 사람이 될까?'

안 숨겨진 질문이네요.

WL 깨달음은 당신을 통해 비개인적 사건이 일어나는 사건처럼 보입니다. 그 결과는 꽤 다양할 거고요.

안 깨달았다고 주장할 개인이 없다는 말인가요?

WL 어느 날 누가 "나는 몇 월 며칠에 깨달았어. 지금 깨달은 상태로 돌아다니는 중이야."라고 말한다면, 그게 바로 깨닫지 못한 증거죠. 그 사람은 아직도 그 경험에 속박된 사람입니다.

안 그럼에도 구도자들은 깨달음에 대해서 자꾸 말하는데, 이건 도대체 어찌된 일인가요?

WL 사건은 있지만 개인은 없어요. 깨달음으로 '나'는 사라졌기 때문이죠. "나는 깨달았다. 그래서 나는 없다."는 말은 불가능해요. 그 말을 하는 사람이 나잖아요? (웃음)

안 결국 '그것'을 말하는 건 힘든 일이군요. '의식'이나 '깨달음' 말입니다.

WL 직접 표현은 불가능하죠. 간접이라면 몰라도…… 어떤 방향을 가리키는 정도 말이에요. 물론 아무 방향이나 다 맞죠. (웃음)

안 그래요.

WL 어떤 것을 잡는 순간, 그것은 '그것'이 아니게 됩니다. 아이러니죠? 라메시는 말했죠. "내 말은 모두 잊게. 가리킴을 대상화시켜 물건처럼 갖고 다니면 무거운 짐만 된다네."

얀 선이나 아드바이타에서는 옳고 그름이 없다 합니다. 모든 가치는 마음속에 있다 하죠. 깨달으면 화가 나도 욕이 안 나오나요?

WL 그건 아니죠. 이 생명체도 (자신을 가리키며) 호불호가 있죠.

얀 맞아요. 깨달았다고 세상이 회색으로 보이지는 않겠죠.

WL "모두 '의식'이니 아무것도 상관하지 않는다."는 말이 요즘 유행하죠. 그건 헛소리예요! 개성을 부정하는 도인처럼 하는 말이죠. "어험! 알겠느냐? 이 모두가 '의식'의 장난이로다." 진짜로 체득하면 그런 헛소리는 사라집니다. 그리고 생명체의 직접 반응만 남아요. 모든 생명체는 좋고 싫음이 있어요. "나는 이게 좋아. 저건 싫어!"

얀 라메시 선생님도 그랬나요?

WL 라메시는 정치인이 TV에 나오면 소리쳤죠. "저놈 돌대가리야!" 그분은 삶의 열정을 그대로 드러냈어요. 생명체는 반응이 있습니다. 깨달은 후에 사라지는 것은 단 하나뿐이죠. 지금 일어나는 일이 지금과 달라야 한다는 생각입니다.

얀 그것이 요점이군요.

WL 본래 그런 것입니다. 예를 들어, "저 녀석은 맘에 안 들어! 하지만 본래 그런 것을 어쩌겠어." 그게 본성이에요. 생긴 대로 사는 겁니다.

얀 고통스러워하는 사람을 보아도 그렇게 말하나요?

WL 사람마다 다르죠. 돕는 사람도 있고, 쳐다보는 사람도 있어요.

안 그냥 외면할 수도 있군요.

WL 생명체의 기질에 따라 달라요. '그것'은 '이해'와 상관없어요. 이해(Understanding)는 이런 고통이 없어야 한다는 관념입니다. 하지만 깨달음(Enlightenment)은 고통과 자유가 동시에 존재하는 해방입니다.

안 미묘한 차이군요.

WL 미묘하게 보이지만 중요한 차이죠. 선에서는 이런 말을 합니다. 처음에는 산과 강이 보입니다. 그다음은 산은 산으로 보이지 않고 강은 강으로 보이지 않습니다. 이 단계에서는 모든 것이 '의식'이며 실체가 없다는 말이 나옵니다. 나중에는 산은 산, 강은 강으로 보입니다. 그때 모든 것과 직접 반응합니다. 산이든 강이든 거르는 필터가 없어요.

안 깨달음 후에는 감각이 달라지나요?

WL 감각은 같지만 해석이 없습니다. 그것이 수용이죠. 구도 초기에는 '일어나는 일'을 '해야 하는 일'로 해석합니다. 나중에는 '일어나는 일'을 해석하지 않습니다. 해야 하는 일이 그냥 일어나는 일이 됩니다. 처음과 나중의 차이는 '해석이냐 수용이냐'입니다.

안 구도자는 강박적으로 중얼거리죠. "나는 항상 있는 그대로 받아들여야 한다."

WL 깨달은 후에는 모든 의무감, 질문이 사라집니다. 신발 안에 돌 없이 걷는 기분이죠.

안 (웃음)

WL "내 신발 속에 돌이 없어!" 평소에 이런 말하며 걷는 사람이 있을까요? 그 말은 신발 속에 돌이 있을 때만 의미가 있겠죠. 돌은 더 이상 생각 주제가 아닙니다.

얀 절묘한 표현이군요.

WL (웃으면서) 그냥 맘대로 걸으세요.

얀 '그것'이 전하는 메시지인가요?

WL 메시지는 없어요. 청중은 웃기도 하고 "이런 머저리!" 합니다. 둘 다 좋아요.

얀 이런 글을 봤어요.

'하나'를 맛본 후, 나는 더 맛보기를 원했다.
그 경험이 언제나 지속되기 원했다. 라메시는 말했다.
"그건 일별일 뿐, '그것'은 아니야.
성현들의 깨달음이란 전혀 다른 차원이라네."

『있는 그대로 수용』 59~60쪽

이 글은 혼란스러울 수 있어요. 깨달음이 먼 곳에 있다는 생각을 할 수 있죠. 구도자는 비행위자 단계를 준비할 겁니다. 행위자나 비행위자나 '의식'일 텐데요.

WL 개인적 행위는 자아 작용입니다. 자아는 통제할 수 없고 없앨 수도 없어요. (침묵) 이것을 알아차리면 구도 행위는 필요 없습니다. 깨달음이란 이해가 아니라 오해의 해소입니다. 남는 건 있는 그대로(What Is)입니다.

얀 '이것'을 개인적으로 보는 사람도 있습니다.

WL 어쩔 수 없죠. 그건 내 능력 밖이에요.

얀 그래서 당신 책이 개별적인 문답 형식이군요.

WL 맞아요. 라메시는 누구는 명상하고, 누구는 그만두라고 하죠. 하지만 결국 모든 사람에게 명상이나 영적 기술은 쓸모없다고 했어요.

얀 라메시 선생님은 친구 같은가요?

WL (진지한 표정으로) 현명한 분이죠. 이 생명체(자기 몸)와 그 생명체(라메시) 사이에는 공명이 있어요. 가까이 가면 기쁨이 느껴집니다. '의식'이 현실로 드러나죠.

얀 라메시 선생님도 그렇게 느끼나요?

WL 스승은 '그것'을 비추는 구루, 나는 반사시키는 세이지(Sage: 현자, 현체)입니다. 세이지는 구루의 공명을 반사하는 현체(몸과 마음의 합체)입니다. 공명이 없을 때 세이지는 하나의 생명체죠. 세이지가 식당에 있을 때 점원에게는 아무 일도 일어나지 않아요. 세이지는 빛(구루)을 청중에게 반사시키는 메신저입니다.

세이지(Sage)는 힌두교에서 말하는 현자(현체)이다. 구루(Guru)는 영적 교사로, 여기서는 마하리쉬를 가리킨다. — 옮긴이

얀 라메시와 있으면 항상 지복(Bliss)을 경험하나요?

WL 그냥 집에 온 느낌이에요.

얀 라메시를 만났을 때 영적 경험을 했나요?

WL 두 번째 만날 때 공명이 일어났는데 열린 느낌이었어요. 이를테면 사랑의 엑스터시 같았죠.

얀 지금은 더 깊어진 느낌인가요?

WL 지금은 경험이나 공명 따위는 문제가 아니죠. 이젠 '그것'이 나에게 정착됐어요. 일어나면 일어나고, 아니면 아니고.

안 있는 그대로 수용이군요. 그게 해탈이죠. 자신이 어떤 상태든, 누구라고 생각되든 그냥 수용입니다.

WL 맞아요. 수용의 순간 속에 해탈이 있어요. 그런데 수용을 생각하면 미묘해집니다. 의도적으로 수용한다면 일어난 일에 대한 불만 같으니까요.

안 불만 또한 수용합니다.

WL 그래요.

안 비수용을 수용해도 수용한 상태이죠. (웃음)

WL 맞아요. 받아들이는 순간 개인적인 개입이 차단됩니다. 그래도 일어난 일에 대한 반응은 계속되죠. 예를 들어, 비행기를 놓쳤을 때……

안 (큰 소리로) 빌어먹을! 오늘 재수 더럽네!

WL (화난 표정) 염병할! (웃음)

안 그것이 수용하기 전과 다른 반응이군요. 구도할 당시는 어땠나요?

WL 그때도 "염병할!" 했지만 곧바로 자책했죠.

안 '구도자는 화내면 안 돼. 항상 평화로워야 해.' 그렇게 생각했나요?

WL 맞아요. 그 당시는 화나는 경험을 공부 거리로 생각했죠. (웃음)

안 이젠 뉴에이지 스타일을 벗어났군요.

WL 다행히요.

안 결국 출발점으로 돌아왔네요. 산은 다시 산, 강은 다시 강.

WL 세이지는 완전히 수용합니다. 분노와 좌절, 고통을 느끼지만 바탕에는 평화입니다. 일반인은 그렇지 못하죠.

안 당신도 세이지 아닌가요?

WL 그 말에는 함정이 있어요. 세이지는 자신이 평화롭다는 인식조차 없어요. 왜냐하면, 감정 구별이 없으니까. 그냥 '있는 그대로' 입니다.

안 수용이 이루어지면 그렇게 되는군요.

WL 신발 안에 돌이 없게 되죠. 돌이 없다는 생각조차 없습니다. 우리는 깨달음이란 무엇이 '있는 것'이라고 생각하죠. 사실은 나에게 무엇이 '없는 것'을 알아차린 상태입니다. '없는 것'은 외부로부터의 개입입니다. 그러니 남은 것은 있는 그대로입니다.

안 참 단순하네요.

WL '그것'은 원래 단순합니다.

프랑세즈 루실 *Francis Lucille*

- 프랑스 리옹 출생. 에콜 폴리테크니크 국립과학대학 졸업.
- 1975년, 영적 스승이자 비이원론과 네오 아드바이타의 철학자였던 장 클랭(Jean Klein)을 만나 고대의 지혜인 비이원론을 전수받았다.
- 선 불교, 수피즘, 도교, 아드바이타 베단타의 공통점인 고대의 지혜 비이원론을 전한다. 하타 요가, 족첸(Dzochen), 루미와 수피 전통의 아름다운 시, 선의 대가들의 유머를 사랑한다. 최근에는 에크하르트 수사의 기독교적 절대성에 바탕을 두고 삿상을 펼치고 있다.
- 저서로는 『The Perfume of Silence』 『Eternity Now』 『Truth Love Beauty』가 있다.

www.francislucille.com

아드바이타가 뭐냐고요? 둘이 아님(Not two)입니다.

이것은 인류 최고(最古) 경전인 베단타, '오직 하나의 현실만

있다'는 가리킴입니다. 아드바이타는 비이원성(Non-duality)이며

철학이나 종교가 아닙니다. 그것은 우리의 본성을 말합니다.

… 중략 …

해탈이란 영적 사건이 아닌 비이원성의 재발견입니다.

깨달음이란 영적 체험이 아닌 세상을 보는 견해가 바뀐

상태입니다.

비이원성은 언제나 우리와 함께 있는 평범한 경험입니다.

이러한 견해의 재발견은 일상에서 점차 안정화됩니다.

– 프랑세즈 루실

평화의
향기

Perfume of peace

프랑세즈 루실과의 대담, 네덜란드, 2000. 7. 22.

안 　스승과 대화를 책에 담고 있습니다. 당신 책 『영원한 지금*Eternity Now*』에서도 발췌했죠. 강연에서 어떤 이야기를 하시나요?

프랑세즈 루실(이하 FL) 　모른다고 말합니다. 그때그때 반응하니까요…….

안 　경우에 따른 반응이군요. 어떠한 이론이 아니고……. 그렇다면 개인적 개입은 없겠군요. 이를테면 파는 물건이 없네요. 사람을 바꿀 생각도 없겠죠.

FL 　사람이 물건인가요. 왜 바꾸죠?

안 　거울 비추듯 당신을 통해 '그것'이 나오네요. 그럼 조작이 불가능하겠죠?

FL 　저절로 나오는 겁니다. 나는 노래하는 새와 같아요. 새는 누가 듣든 상관하지 않지요. 새는 타인이 박수치기를 바라지 않아요. 즐거워서 지저귈 뿐이죠. 안 그래요? 새와 나의 차이는 새는 타인의 박수를 바라지 않아요. 내 노래는 주로 침묵이라는 거죠.

얀 '그것'을 말할 때 침묵이 좋은 반응입니다. 관념으로 설명할 수 없어요. 말은 그것을 가리키는 화살표겠죠.

FL 그렇습니다.

얀 모순이네요. '그것'을 찾아 헤매지만 결국 찾는 건 찾을 것이 없다는 사실. 현자들은 찾을 것 없고, 갈 곳 없고, 할 일 없다 합니다. '찾을 것 없음'을 찾은 상태가 깨달음이라는 말이죠. 그런데 클랭처럼 명상이나 요가를 가르치는 사람도 있어요.

FL 찾을 대상이 없다는 점은 맞아요. 하지만 발견할 수는 있죠. 클랭은 '향기'나 '달콤함'이라 부르지요. 힌두에서는 아난다(Ānanda)라 합니다. 본성에서 나오는 평화라 할 수 있어요. 힌두에서는 인간의 본성을 사트(Sat), 치트(Chit), 아난다(Ānanda), 세 가지로 봅니다. 사트는 '존재', 치트는 '의식', 아난다는 '평화'입니다. 두 가지는 누구나 가지고 있지만, 세 번째 아난다는 환상에 가려져 있죠. 이런 측면에서 찾아볼 무언가 있죠. 그것은 우리 본성의 평화를 되찾는 일이지요. 에고의 소동이 조용해질 때 말이에요.

얀 그런데 우리는 할 수 있는 일이 없다고 말하는 스승들이 있어요.

FL 자신이 개인이라는 생각에서 벗어나기 위해서는 뭔가를 해야 합니다. 나는 할 일이 없다며 나쁜 습관으로 사는 사람들이 있어요. 그것은 자기기만이죠.

얀 에고의 핑계란 말이죠?

FL 그럴 수 있습니다. 내 말은 습관적 생각인 자아(Self)에서 벗어나자는 뜻입니다.

안 그렇군요.

FL 생각은 사람을 생각의 대상으로 쉽게 데려갑니다. 예를 들어, 책상 생각은 책상 경험이 아닌 생각 경험입니다. 생각으로는 책상과 만날 수 없어요. 생각은 지성적 행위죠. 그 생각으로 만든 철학은 시간 때우기 게임이죠. '의식'은 다릅니다. 그것은 본성으로 데려다줍니다. '의식'을 통해 본성을 경험할 때 무한성으로 들어갑니다. '그것'에 관한 책을 읽고 구루 모임에 참석하는 이유죠. (긴 침묵이 이어진다.)

안 평화의 향기가 지속 가능한지 의문을 갖는 사람들이 있어요. '그것'을 흘낏 본 구도자는 항상 평화 속에 있어야 한다고 생각합니다. 하지만 '그것'은 황홀경보다는 배경이겠죠?

FL 볼까요? 처음에 본성을 경험하면 이해가 뒤따릅니다. 순수한 '의식'이 의식되는 순간입니다. 그때는 형태가 없으며 시간과 공간에서 벗어나 있죠. 그다음 마음은 다시 현실로 돌아옵니다. 구도자는 다시 경험을 구하지만 결국 무경험 상태가 됩니다. 바로 이 상태에 향기가 스며 있어요. 물고기가 물을 잃지 않은 상태와 비슷하죠. 모든 것의 배경에는 향기가 있습니다.

안 그렇군요.

FL 지금도 배경은 이곳에 깔려 있죠. 그럼에도 수행자들은 대상을 찾습니다. 시간과 공간을 벗어난 '그것'과 함께 있으면서도 부족하다 생각합니다.

안 그 이유는 무엇인가요?

FL 몸의 느낌을 받아들이지 못해 생기는 문제입니다. (배를 손가락으로 가리킨다.)

얀 무슨 뜻이죠?

FL 구도자들은 어느 단계가 되면 자신이 분리된 '존재'가 아님을 알게 됩니다. 세상에는 어떠한 개인적 결정도 없음을 이해하게 됩니다. 생각이란 자신의 선택이 아님을 알아냈으니까 말이죠.

얀 그렇군요.

FL 만일 생각을 고를 수 있다면 즐거움, 행복, 사랑만 고르겠죠. 때론 '생각 없음'도 고를 수 있을 테지만. 하지만 구도자들이 어느 단계에 이르면 생각을 고르는 건 불가능함을 알게 되죠. 그래서 결국 '나'는 행위자가 아니라는 결론에 도달합니다.

얀 그렇군요.

FL 여기까지는 머리로 이해가 되겠죠. 그런데 현실 감정은 어떻게 처리하죠? "그래도 나는 개인이라고!" 외치는 소리는 어쩌죠? 이처럼 개인감정은 그대로 존재합니다. 근원적으로 에고가 사라지기 전까지는 말입니다.

얀 당신의 에고 문제는 어떻게 처리됐나요? 갑자기? 아니면 천천히 사라졌나요?

FL 둘 다입니다. 처음엔 갑작스런 변화가 왔어요. 그 후 수십 년 동안 스승과 함께하며 안정화시켰어요. 그분은 여러 방법으로 머릿속 이해를 몸 안으로 스며들게 해주었죠. 그저 시간을 보내면서 평화의 향기를 느꼈습니다.

얀 장 클랭 말인가요?

FL 맞아요. 그런데 클랭이 없으면 금세 사라져 버렸어요. 하지만 지금은 클랭 없이도 향기를 느낄 수 있어요. 이건 황홀경이 아니라 오래 지속되는 침묵입니다.

얀 평화의 향기가 떠나지 않게 되는군요.

FL 가끔 균형을 잃어버릴 때도 있어요.

얀 아직은 영적으로 깊어지는 과정에 있다는 뜻인가요?

FL 맞아요. 비극으로 시작한 인생이 변화무쌍한 드라마가 되고 나중에는 코미디로 끝납니다.

얀 (웃음)

FL 인생은 크레셴도 - 데크레셴도 교향곡입니다. 자, 볼까요? 처음에는 내면으로 향기가 스며들죠. 그리고 수많은 나의 반영(反映)이 춤을 춥니다. '의식'이 우주라는 사실을 알게 되면, 인생은 기적으로 변합니다. 메아리가 울려 퍼지고, 그때 우주가 "맞아, 이거야!" 화답합니다. 이러한 황홀경은 마음의 트릭 아닐까 하는 의심이 들 수 있죠. (웃음) 그렇기 때문에 전체를 수용함으로써 모두 하나임을 확인하는 겁니다.

얀 그것이 아드바이타의 핵심인가요?

FL 그들만의 것은 아니죠. 예수, 붓다, 노자, 에크하르트, 모두 똑같이 이야기한 진리입니다. 아드바이타에서 몸이라는 유령은 참고할 필요가 없다고 합니다.

얀 유령임을 알아채지 못하면 아드바이타는 지적인 논리일 뿐이네요.

FL 만일 자기 몸을 실체로 느낀다면 아드바이타는 하나의 관념이죠. 그러니까 초심자는 자기 몸의 느낌을 탐구할 필요가 있지요.

몸을 관찰하는 수행법인 까야누빳사나(kāyānupassanā, 身隨觀)는 몸에 관한 관찰과 알아차림으로, 멈춤, 운동, 들숨과 날숨 관찰까지 포함된다. 이를 통해 마음을 현재에 집중하게 만든다.   옮긴이

얀 당신은 견고한 육체 느낌이 완전히 사라졌나요? 예를 들어, 치통이 심하다면 개인적 통증 아닌가요?

FL 맞아요. 하지만 통증은 개인 반응이 아니라 의식 반응이 됩니다. 예를 들어 살아가면서 끔찍한 고통을 겪을 때가 있죠. 하지만 개인이 없다면 그런 경험은 오래 지속되지 않아요.

얀 제 말은, 고통을 내 것으로 인정하면 문제가 되나요?

FL 그건 문제가 아닙니다.

얀 통증이나 고통 또한 '의식' 아닙니까?

FL 맞습니다. 옛 습관에 빠져도 '그것'이죠.

얀 조각구름 하나가 지나는 것과 같네요.

FL 구름 덮인 하늘이 무지(無知), 구름 없는 하늘이 현체(sage, 賢體)라면, 두 하늘에 차이가 있나요? 구름조차 허용하지 않는다면, 강박적 근본주의죠. 하늘은 구름이 있든 없든 하늘입니다. 이와 같이 '의식'은 절대적입니다. 그러나 에고는 마음에 구름 한 점 없기를 바랍니다.

얀 어림없는 생각이죠.

FL 맞아요. 이것을 받아들이면 본성의 향기가 느껴집니다.

얀 그래도 생각은 일어나겠죠? 런던행 비행기를 타는 계획 같은…….

FL 당연하죠. 하지만 이제 생각에 대한 신빙성이 없어졌어요. 생각

이란 무엇일까? 모든 생각은 또 '나는 개인'이라는 관념입니다. 이 점을 이해하면 지금 이 순간 떠오르는 생각은 나와 아무 상관이 없게 됩니다. 그러면 이런 생각이 들든 저런 생각이 들든 의미가 없습니다. 클랭이 어떤 남편에 대한 이야기를 했어요.

남편은 매일 밤 자정 아내가 공원에서 다른 남자를 만난다는 말을 들었다.
남편은 생각했다.
'오늘 밤 두 연놈을 죽이겠다!'
그리고 주머니에 권총을 숨기고 공원으로 나갔다.
"땡 땡 땡……."
시계가 자정을 알렸다. 그런데 아무도 나타나지 않았다.
남편은 갑자기 생각이 떠올랐다.
'잠깐! 나는 미혼이잖아?!'
그때 남자의 분노는 완전히 사라졌다.

개인이 없다면 개인적 생각과 행동도 없게 됩니다. 그다음 개인적인 시간도 점점 줄어듭니다. 물론 일상적 감정은 계속해서 일어나죠. 하지만 감정이 생각으로 자리 잡을 시간을 주지 않게 됩니다. '이것'은 끓는 주전자의 물거품 같아요. 불을 끄면 곧바로 사그라들죠. 감정도 이와 같아요. 그전처럼 일어나지만 감정은 생각으로 변하지 않고 생겨났다 사라집니다.

(긴 침묵)

클랭과 있을 때 평화의 느낌이 펼쳐지는 느낌이었어요. 이건 과학으로 설명할 수 없네요.

얀 그때 당신 생명체는 그렇게 반응했군요. 인생의 길이란 없겠지만, 인생이든 길이든 사람마다 독특하군요.

FL '그것'은 감동과 놀라움이 가득한 오케스트라입니다. 어떤 일이 일어날지 몰라요. 미리 알면 재미없죠.

얀 네, 흥미로운 대화였어요. 새로운 책도 기대됩니다.

FL 초대 감사합니다.

비자이 샹카르 *Vijai Shankar*

- 인도 북부 벵골 출생. 의사(뉴델리 국립병원), 작가, 철학자.
- 지독하게 가난한 마을에서 태어난 샹카르는 14세에 단신으로 영국으로 건너갔다. 오직 먹고 살기 위해 하루하루를 노동으로 견디면서 우연히 데이브라는 영성가를 만난다. 그 후 그의 집에 기거하면서 데이브 부부의 전적인 도움으로 런던 의과대학에 입학한다.
- 졸업 후 샹카르는 인도와 아프리카에서 의료 봉사를 하며 활발히 활동한다. 44세 되던 해 자신을 30년간 자식처럼 키워 준 데이브가 쓰러졌다는 소식을 듣는다. 1944년, 병마와 싸우던 데이브가 사망하자, 샹카르는 깊은 사색에 들어간다. 그 후 의사 직업을 버리고 삿상과 저술에 전념하고 있다.
- 저서로는 『The Illusion of Life』 『The Power of Illusion』 등이 있으며 그의 대표작 『Absolute Understanding』 시리즈는 무려 60편 넘게 연작되고 있다.

www.academy-advaita.com

오직 브라만(진리)이 존재한다.
세상은 진리가 드러내는 일시적인 환영이다.
아드바이타는 변하는 삶의 모든 순간, 있는 그대로 수용이다.

– 비자이 샹카르

마음 없이
삶을 껴안아라

Embrace life without the mind

비자이 샹카르와의 대담, 벨기에, 2000년, 여름.

얀 의사라고 들었습니다. 세계를 돌며 강연을 하시죠. 전하는 메시
지가 무엇인가요?

비자이 샹카르(이하 VS) 보시오! 착각하지 말고. 방금 말한 것, 그건 당신
얘기고 모두 당신 말이오. 메시지고 나발이고 난 한마디도 안했
는데, 추측하지 마시오.

얀 아, 네…….

VS 인생이 그런 거요. 풍문으로 듣고 짐작으로 사는 거지. 한 가지
는 분명히 말하겠소. 나는 아무한테 줄 아무런 메시지가 없소.
아무것도 말이오. 메시지라면 벌써 자기 머릿속에 가득 들어 있
지 않소?

얀 그렇군요.

VS 어떤 메시지도 일체 없소. 일체 말이오. 전에는 사람들이 말했
어요. 이 사람은 의사다, 과학자다. 그리고 그렇게 생각했겠지.

그런 말을 하니깐 그렇게 된 거요. 요즘 와서는 이 물건이 말이오. (자기 몸을 가리킨다.) 의사 말고 다른 일을 하고 있소. 무슨 일이냐면 아무 결정도 내리지 않는 일이오. 지금까지 내가 한 말을 알아먹고 있는 중이오?

얀 (고개를 끄덕이며) 네.

VS 그러니까 좀 다른 걸 물어보시오.

얀 조금 당황스럽네요. 질문과 대답이 중요하지 않다면, 우리가 오늘 왜 만났죠? 그냥 뭔가 나누는 건가요?

VS 내가 아무 대답이 없는 이유가 뭐라고 생각하오?

얀 글쎄요. 분명 있지만 말로 표현할 수 없고, 실체 없음을 공유하는 건가요?

VS 이번도 당신 결론을 말했을 뿐이오. 방금 말로는 할 수 없다고 했잖소?

얀 그래서 침묵이 가장 좋은 표현이죠.

VS 또, 또, 당신 또 틀렸어. 침묵이 뭐 그리 대단하오? 침묵 역시 마음에 일어나는 물결 아니고 뭐겠소. '이제부터 침묵해야지.' 그런 결정도 생각이고, 자꾸 생각에 묶이게 되지. 구도자들은 자신을 대략 이렇게 생각하지. 첫째, 말은 아무것도 아니다. 둘째, 말은 아무 의미 없다. 셋째, 침묵해야 한다. 그러고는 자신이 거룩한 존재라 생각하지. 그게 바로 생각에 얽매이는 거요. 그건 생각에 집착하는 거요. 예를 들어, "나는 아무 생각이 없어요." 이보다 쉬운 말이 어딨겠소? 그 사람은 생각이 없다는 생각을 아주 깊게 하는 사람이오. 그게 바로 생각 중에서도 가장 큰 생각이고 집착이오. 그런 말은 자신을 속이는 짓이오.

안 휴우, 그렇다면 뭘 어떻게 해야 하나요?

VS '그것'은 그냥 일어날 거요. 그때 우리는 저절로 침묵하게 되고. 소리 나지 않는 게 침묵이 아니라, '그것'이 일어나면 모두 침묵 속에 빠지게 되오. 그전에는 침묵에 관해 헛소리했지만, 이젠 진짜 침묵하게 되오. 침묵은 연습해서 되는 일이 아니지. '그것'은 일생에 한 번 보면 충분하오.

안 알겠습니다.

VS 그러니까 잡다한 인터뷰나 자서전들, 엉터리 아닌 것이 없소. 그렇다고 해서 나는 당신이 싫고 대화를 거부하는 건 아니오. 난 그냥 당신과 놀겠소. (웃음)

안 그럼 이 대화는 게임이네요. '의식'이 나를 통해 말을 보내고 당신을 통해 나는 듣는 것. 그러니까 가상 현실이죠?

VS 간만에 맞는 말이오. 환상은 언제나 일어나고 있지. 당신은 지금 말하고 있다고 생각하지? 자신이 화자인 듯 말이오. 사람들은 참 많은 것을 알고 싶어 하지. 의학, 분자 생물학, 유전학, 생물과 미생물 차이점……

안 끝이 없지요.

VS 그런 걸 몽땅 아는 똑똑한 놈들이 사는 꼬라지를 보슈. 정신 병원에 갈 놈들이오. 늘 두려움에 떨면서 사랑은 없고, 늘 의심하면서 믿음이란 없소. 그렇게 아는 게 많으면서 말이야. 당신 지금 내 말을 듣고 있소?

안 네네. 그런대로 따라가고 있어요.

VS 뒤따라가지마! 그냥 뒤집어져! 애들처럼 뒤집어지란 말이야. 천진하게. (느린 말투로) 아이처럼 제정신으로 돌아오는 거요. 어른 속 아이. 천진함을 귀중하게 여기는 어른 말이오. 어른들은 '이것'을 쉽게 버리고 나중엔 어렵게 되찾지. 천국 되찾기 게임.

안 그건 무슨 뜻이죠.

VS 말이든 생각이든 무거운 짐을 던져 버리시오. 아이는 말이 짧아. 말이 길어지면 인생에 빨간불이 들어오지. 아이는 보기만 하고 생각하지 않아. 어른은 생각만 하고 보지를 않아. 그게 아이와 어른 차이오. 당신은 사물을 보지 않고 본다고 생각해. 정말 볼 때는 생각이 없는 것이오.

안 맞습니다.

VS 또 오해했소. 이건 단계적 수업이 아니야. 앎과 지식은 다르오. 앎은 단번에 오고, 지식은 단계적으로 축적되는 것이오. 졸업 (Graduate)이란 말은 단계(Grade)에서 나온 것이오. 앎은 단계가 없소. 그건 이런 식이오. 딱! (손가락으로 딱 소리를 낸다.) 알겠소?

안 네.

VS 당신 우주가 뭔지 알아? 마음 없는 상태가 진짜 우주야. 모든 생각들은 대체(代替) 우주란 말이오.

안 알겠습니다.

VS 마음이 뭘 운반하는지 확인하라고. 그게 타당성 있는가 말이오. 마음 안에 무엇이 오고 가는지 보시오! 그냥 보면 어떠한 괴로움도 없을 거요. '하나'는 순간이고 순간은 영원하지. 순간은 시간이 없소. 과거와 미래는 지금이란 말이오. 진주 목걸이를 통과하는 실 한 가닥처럼.

얀 그렇습니다.

VS 사람들은 이렇게 생각하지. '나는 행위자이며 통제하에 있다.' 과연 그렇소? 만일 모두가 행위자면 우주는 대혼란이오, 카오스라고! 인생이란 하나의 이벤트요. 바로 지금 일어나고 있다고. 얀! 지금 알아먹고 있소? 무슨 말이냐 하면 인생은 하루씩 한 장면이야. 사는 것이 아니라 살아지는 것이지. 그런 걸 굳이 생각하지 않아도 이미 집이오. 당신 목적지는 당신 안에 있소. 나머지는 모두 그저 휴게소지. 기차역처럼 말이오.

얀 살아 있는 동안에는 그럴 것 같습니다.

VS (손가락으로 소리 내며) 그리고 죽을 거요. 죽음이 강도처럼 당신을 데려가기 전에 당신이 먼저 죽어야 해. 그리고 당신이 결코 죽지 않았다는 것을 완전히 깨달을 거요. 누가 죽는 거요? 몸은 이미 죽었는데 도대체 누가 죽어?

얀 사람들은 여전히 몸이 살아 있다고 생각합니다. 왜냐하면……

VS 닥치고! 그건 믿음이야. 단지 생각이라고! 사람들은 살아 있다고 믿지. 그러나 이미 죽었소. 환자들은 소리친다네. "닥터! 닥터! 몸에 감각이 없어요. 감각이 완전히 죽었어요." 이때 내가 뭘 깨달았는지 알아? 감각하는 자신을 아는 놈이 누구야? 또 감각이 없는 자신을 아는 놈이 누구냐고?

얀 '그것'이죠. '의식'.

VS 맞아. 모두 '그것'을 통해 나오지.

얀 알겠습니다.

VS 몸뚱이는 죽었소. 그런데 자신의 몸이 죽었다는 것을 아는 놈은 안 죽었소. 그게 바로 '의식'이오. '의식'은 불멸이오. 그렇다면 누가 죽지?

얀 아무도 안 죽어요. 해변 모래성처럼 말이죠. 모래성은 무너져도 모래는 그대로지요.

VS 때가 되면 몸은 모래성처럼 사라진다오. 하지만 모래는 그대로 있듯이 우리는 불멸이오. '그것'이 '의식'이지.

얀 몸뚱이는 생각이었군요.

VS 아무도 모래성에 대한 생각이 없다면 이 성(城)은 어디에 있소?

얀 그런 성은 없습니다.

VS 모래성도 생각 작용이오. 모든 대상이 생각의 형태라고. 이 몸 뚱이도 생각의 대상이고, 생각의 형태지.

얀 '마음을 신경 써라(Mind the Mind)!'가 이런 뜻이군요.

VS 무엇으로 마음을 신경 쓸 것이오? 단지 '의식'으로 가능하오.

얀 자기 최면술 같은데요.

VS 최면이란 말, 어디서 나온지 아시오?

얀 모릅니다.

VS 최면은 깊은 잠이란 뜻이오. 모든 사람은 깊은 잠에 빠져 있소. 그래서 세상은 일관성이 없다고. 그러니 나는 세상을 서술할 수 없소. 알아들었소? 도대체 '그것'이 어디서 나왔을까?

얀 온 우주에 모두 퍼져 있죠. 여기에도, 저기에도, '이것'을 편만이 라고 할 수도 있겠고. (테이블을 가리키며) 이 모든 곳에 말입니다.

VS 아니, 그런 게 아니라니까. 그런 식으로 서술할 수 없다고 했잖소! 당신은 지금 추상적인 말을 하는 거요. (소리친다.) 게임을 즐겨! 언어 속박을 끊으라고!

얀 네.

VS (귀에 대고 속삭이며) 지금 어디선가 일어나고 있소. (갑자기 소리친다.) 어딘지 알아봐요! 확실히 하란 말이오! 모두 '의식'이오! 그걸 서술하는 건 개똥 같은 짓이야! 나무는 나무지, 그럴 생각이 없어. 그냥 에너지일 뿐이야. 말재주 좋은 당신과 그게 다른 점이야. 참새도 그럴 생각 없어. 그냥 날아다닌다고.

얀 알겠습니다.

VS 도대체 무얼 얻으려고 하지 마시오. 그런 건 착각 덩어리요. 일단 모두 잃어버리라고!

얀 일단 잃고 다시 얻는 게임인가요?

VS 게임? 이건 게임이 아니라 놀이야. 노는 것이라고 했잖소. 당신 젊었을 때 안 놀아 봤어?

얀 게임, 놀이? 어떻게 다르죠?

VS 놀이는 그냥 노는 거요. 게임은 점수 따기지. 이기면 돈도 벌지. 야심, 경쟁, 싸움질……. 게임은 뭐가 참 많아. 그런데 놀이는 그냥 노는 거요. 노는 게 좋으니까. 그래서 놀이는 사랑이오. 아이는 수백 번 재밌게 놀지 않소? 노는 건 아이가 아니라 놀이가 아이가 된다오. 놀이와 아이가 하나야. 그러니 즐겁지.

얀 알겠습니다. 이번엔 주제를 바꿀게요. 당신은 타인의 몸과 공명을 경험했나요?

VS 경험? 정신 차리쇼. 다른 사람이 어딨소? 사람 사이는 경계선이 없소. 세상에 당신 하나라면 울타리를 어디에 칠 것이오? 울타리는 이웃에 의존해 있소. 당신이 없으면 모든 사람도 사라지는 거요.

얀 그건 또 무슨 뜻이죠?

VS 스스로 알아보쇼.

얀 ······.

VS 이보쇼. 땅을 파면 물이 나오지? 그게 우물인데, 사람이 억지로 뽑아낸 물이 아니오. 땅을 비우면 저절로 물이 솟아오르지. 비우면 물이 저절로 차오른다오. 하지만 마음은 생각으로 뒤집힌 유리잔이오. 그 잔에 물이 어떻게 들어가겠소? 생각을 비워! 마음을 좀 그대로 내버려 두란 말이오. 마음을 (땅 파듯) 떼어내고 삶을 확 껴안아 보라고! '그것'이 저절로 솟아오르지. 그 순간에 힘이 있소! 마음으로 살 때는 삶을 즐길 수 없고 껴안을 수 없소. 알겠소?

얀 이제 알 것 같아요. 감사드립니다.

VS 천만에!

마크 맥클로스키 *Mark Mccloskey*

- 미국 마이애미 출생.
- 명상가, 작가, 출판업자.
- \<Pure Silence: Lessons in Living and Dying\>(CD)

www.puresilence.org

침묵은 고차원적인 영성도 아니고,
뉴에이지 철학이나 종교도 아니다.
그리고 신비한 것도 아니다.
침묵은 모든 것들의 바탕이다.
당신이 순수한 침묵이다.
진짜다.

-마크 맥클로스키

당신은
순수한 고요

You are the pure silence

마크 맥클로스키와의 이메일 대담, 2001년, 가을.

얀 당신 웹에 이런 말이 있어요.

현자는 단순을 말한다.
당신은 이미 자유롭다.
당신은 이미 성스럽다.
당신은 이미 깨달았다.
당신은 '영(sprit)'이다. 당신이 없음을 안다면,
당신은 '있음'이다.
당신은 순수한 고요다.

www.puresilence.org

여러 길을 통해 같은 결론에 이름을 보면 놀랍습니다.

마크 맥클로스키(이하 MM) 그런 걸 공명이나 동시성(Synchronity)으로 부릅니다. 진리, 무한성, 궁극, 신이라고 해도 상관없어요. 구도자는 빛을 보았다고 말하죠. 옛날 말로 '계시'죠. 표현이야 어쨌

든 단 하나의 진리입니다. 경험이나 책, 믿음, 유전자까지도 편견이에요. 그럼에도 우리는 어떤 길을 통해서도 결국 '그것'으로 갑니다.

얀 종착점은 같군요. 단 하나의 '의식'을 순수한 침묵이라 했죠. 어떤 의미인가요?

MM '나'라는 믿음에서 깨어난 후 그냥 감탄했어요. 어떤 사람은 번개가 치고, 극한의 고통에서 '그것'을 보기도 하고, 임사 체험도 하고…… 워낙 다양해 핑 돌 정도죠. '이것'을 우연히 보는 사람도 있어요. 그리고 중얼거리죠. "그냥 이거네. 나 참, 여태 이걸 모르고 살았단 말이야? 이런 돌대가리!" 하면서 한바탕 웃기도 하죠.

얀 그렇군요.

MM 추구심이 완전히 끝나면, '그것'과 마주하게 됩니다. '그것'은 모든 것을 담는 공간입니다. 침묵은 항상 거기에 있습니다. 수십 년 동안 나는 '그것'을 밖에서 찾았어요. 성현이나 스승으로부터 찾아왔어요. 항상 대상만 바라보고 있었죠. 찾고 난 후에는 공간의 내용물이 아니라 공간이 인식됐죠. '그것'은 침묵이었고 언제나 존재해 왔습니다.

얀 순수한 침묵을 선택한 이유가 무엇인가요?

MM 그것은 반박 불가능합니다. 누구에게나 주어져 있는 '그것'이죠. 잠에 빠져서 몰랐던 겁니다. 그렇다면 '이것'을 찾기 위해 무엇을 해야 할까요? '하늘 왕국은 너희 안에 있다.'는 예수의 말에 영감을 받았어요. 영구적이고 변하지 않는 것을 말한 거죠. 나는 수많은 목록을 적어 내려갔어요. 모든 신념과 생각, 과거와 미래를 하나씩 지운 후에 단 하나가 남았죠. 그것은 침묵이었습니다. 언제나 내 안에 있었고, 나와 함께 했던 본성이었습니다.

얀 그렇군요.

MM 나는 '이것'을 모두에게 알리기 위해 용어를 만들어 봤어요. 신이라는 말은 신비하고 믿음에 근거를 둔 말이지만 나쁘진 않았죠. 그 다음 '길[道]'을 생각했지만, 따라가야 한다는 느낌이 들어서 그만뒀고요. '참나'는 거짓 나를 전제로 하죠. '마음'은 상투적인 느낌이 들고요. 그런데 이 모든 용어들은 침묵 속에 포함됩니다. 형태가 없고 손상되지 않는 침묵. 종교는 선택된 소수에게만 주어지죠. 하지만 소수만 '그것'을 경험한다면, 보편적 진리에 위배됩니다. 순수한 침묵은 모든 인간의 공통분모죠. 반박 불가능한 대원칙입니다. 삶의 기쁨은 침묵 안에 있어요. 침묵에서 도피할 때 고통을 느낍니다. 자신의 '바탕'을 부정하기 때문이죠. 우리의 본성은 침묵입니다.

얀 당신이 말하는 공명이란 무엇인지요?

MM 나의 행로에서 공명을 느낀 때가 많았어요. 예수, 도(道), 선불교, 십자가요한, 밀교, 크리슈나무르티, 라마나 마하리쉬, 켄 윌버…… 그들 모두 한 가지를 말합니다. 음양은 수수께끼며 그것을 모르는 침묵이 축복이라고. 선악은 인간을 이성적으로 만들죠. 하지만 관념입니다. 무한성에는 선악이 없습니다. 침묵은 말이 없으니까요.

안 인간은 과거와 미래, 진화와 발전을 좋아합니다. 이런 관념으로 수천 년 동안 싸워 왔지만 결과는 참혹했죠. 종교 역시 죄니 업보니 하면서 강요했어요. 천국을 위해 무언가 행하도록 말입니다. 특히 동양 종교는 인간의 목표가 깨달음이라 말합니다. 과연 그럴까요? 깨달음 없이 지금 만족하면 문제가 되나요? 신께서 만든 완벽한 창조물이면, 창조된 처음 상태로 있으면 되는 거 아닌가요? 깨달음, 종교, 명상, 요가…… 모두 관념이 빌이는 게임이죠. 우리 마음은 끊임없이 믿음 체계를 만들어냈어요. 사람은 원래 있는 바탕보다 만들어진 것을 믿고 싶어 해요. 하지만 우리 내면은 믿음과 관계없는 '그것'을 보고 싶어 합니다.

MM '그것'을 보려면 순수한 침묵이 출발점이죠. 언제든 가능해요. 생각은 무엇을 하라고 부추기죠. 나에게 어떤 존재가 되라고 다그칩니다. 생각은 인간의 존재 방식입니다. 무엇인가 해야 하고, 어디론가 가야 한다는 그런 성향 말입니다. 우리가 갈 장소가 있을까요? 물론 생물학적 죽음은 제외하고 묻는 겁니다. 달을 가리키는 손가락 대신, 자신이 달임을 알 때가 있을까요?

안 달, 손가락 둘 다일지도 모르죠. 알려는 자는 마음입니다. 이력서에는 이름, 생일, 출생지가 있고 사진과 경력을 첨부하죠. 그런데 이력서가 당신인가요? 아니면 훨씬 광대한 배경인가요? 넓은 관점에서 이력서와 배경 모두 당신입니다. 당신은 무한한 '의식'입니다. 거울을 보면 왜소한 남자가 보이죠. 과거와 미래가 있고, 어디론가 도망치고 싶은 남자. 밖으로 나와 광각 렌즈로 볼까요? 무엇이 보이나요? 광활한 숲에서도 '그것'을 볼 수 있어요. 모두 연결되어 있습니다. 자신이 구름이면서 하늘이고, 파도면서 바다임을 알면 분리된 개인이라는 생각도 허용됩니다. 개인적 관점에서는 백일몽에서 결코 깨어날 수 없어요. 전체적 관점에서는 빛이 보입니다. 당신은 빛이며 영화의 스크린입니다. 기쁘거나 두려울 때도 우리 본성은 그것입니다. 이것을 알아채면 곧바로 깨닫게 됩니다. 물론 깨닫지 못해도 전혀 문제없어요. '그것'은 어떤 것도 제외시키지 않아요. 그리고 모든 단계에서 (단계도 없지만) 자신이 빛임을 알게 됩니다. 스크린을 포함한 빛이 자신이라는 사실. '이것'은 특별하면서도 말이 없습니다. 순수한 침묵입니다.

MM 마음은 최대한 많이 알려는 욕심이 있어요. 하지만 진짜 목적은 따로 있죠. 개인에서 벗어나 순수 침묵으로 들어가는 겁니다. '그것'을 '의식' 또는 '신'이라 불러도 좋습니다. 자신을 통제하는 주체는 몸과 마음이 아닙니다. 몸과 마음은 '의식'의 일부에 불과합니다.

얀 그렇군요.

MM 인생이 영화임을 '알아낸 상태'와 '생활화된 상태'는 차이가 있습니다. 순수한 침묵에서 살지 못하면 인생이 희생적 봉사 활동이 됩니다. 우리는 환상을 찾아 떠도는 사람들에게 빛을 보여 줄 의무가 있습니다. 우리 영혼은 사랑 자체가 되어야 할 의무가 있어요. 고통을 참으며 영화의 비극을 밝게 비추는 의무죠. 깨달음은 모두를 위한 자비 아니겠어요?

얀 그런데 깨달음을 굳이 생활로 실현시킬 의무가 있나요? 세상을 구한다고요? 나의 빛으로 세상을 구한다면 어떤 기준을 따라야 하나요? 선을 취하고 악을 물리쳤을 때 세상에 어떤 일이 벌어졌나요? 악과의 전쟁이 좋은 결과였나요? 영화의 비극을 없애기 위해 노력을 한다고요? 우리에게 그런 능력이 있을까요? 아니면 단지 할 수 있다고 생각하나요? 지금 세상에서 벌어지는 사건들이 바로 '그것'입니다. 좋든 나쁘든 사라지는 구름일 뿐. 그런데 그 구름 또한 '그것'입니다. 아직도 환상을 찾아 떠도는 자 또한 '이것'입니다. 우리는 항상 '이것'과 함께 있어요. 경계선은 없습니다. 내가 어떻게 '이것'을 구분할 수 있겠어요? 당신의 자비심을 비판하는 중이 아닙니다. 나에게는 판단 도구가 없습니다. 내가 감히 어떻게 신의 창조물을 비판할 수 있겠습니까? 남은 것은 바로 '이것'입니다. 침묵에는 비난이나 심판이 없습니다.

'이것'은 완전한 자유입니다. 개인적 자유가 아니라 모두 벌거벗은 상태의 자유입니다. 그런 관점에서 깨달음은 개인 소유가 아닙니다. 『집으로 오는 길』과 『온 바 없다』는 모든 사람이 포함됩니다. 개별성이 허상이라 말하면 방관자로 보일 수 있죠. 하지만 타인의 자아까지 무시하지는 않아요. 내 자아를 허상으로 보면, 나와 상대방 사이에 경계선이 없게 됩니다. 그렇게 하나가 되면 이웃이라는 규정이 없어지고 도움은 저절로 일어납니다. 세상을 구원해야 한다는 의무감 없는 그런 사랑 말이죠. 침묵 속에서 세상은 매직아이(Magic eye)처럼 실체가 드러납니다. 당신 웹사이트에 그런 경치가 펼쳐져 있더군요.

지금 이곳에 사랑과 평화의 침묵이 펼쳐져 있다.
침묵은 언제나 이러했다.
당신 내면과 당신을 둘러싼 공간은
모든 것이 생겨났다 사라지는 바탕이다.
당신은 이미 '이것'을 알고 있다.
그리고 느껴 왔다.
'이것'밖에 없다.
당신이 '이것'이다.

www.puresilence.org

에크하르트 톨레 *Eckhart Tolle*

- 2차 세계대전 최대 격전지 독일 뤼넨 출생.
- 본명은 울리히 튈레이며 35세 때 중세 수사의 이름 에크하르트로 개명하였다.
- 심리상담가, 노숙자, 영적 교사, 작가인 에크하르트 톨레는 21세기를 대표하는 영적 지도자 중 한 명이다.
- 그는 전쟁이 끝난 후 가난 때문에 고향에서 살 수 없게 되자, 13세에 단신으로 스페인으로 이주하여 노동으로 학비를 벌었다. 19세가 되던 해 영국으로 이주하여 공장 노동자로 일하며 독학하였다.
- 독학으로 런던대학을 졸업하고 케임브리지대학을 수료하였으며, 인생에 대한 끝없는 비관과 극심한 우울증으로 자퇴하였다. 29세 때 모든 학업을 포기하고 공원에서 노숙하며 영적인 길로 들어섰다.
- 1995년 이후 캐나다 밴쿠버에 거주하며, 계속 세계 여러 나라에서 강연하고 있다.
- 저서로는 『The Power of Now』 『Practicing the Power of Now』 『Stillness Speaks』 『A New Earth』 등이 있다.

www.eckharttolle.com

우리가 혼란스러워하는 이유는
'나는 모른다.'이기 때문이 아니라
'나는 모르지만 알아야 한다.' 때문이다.
나는 모른다는 사실을 완전히 받아들일 때
모든 혼란은 사라진다.
하지만 모르지만 알아야 한다 생각한다면,
자신을 알아야 하는 존재로 개념화시키고 지금 이대로가
아니라 뭔가를 해야만 하는 불완전한 상태가 되어버린다.

– 에크하르트 톨레

앎이 없는
그곳

The place of not knowing

에크하르트 톨레와의 대담, 네덜란드, 2002. 4. 17.

안 『지금 이 순간을 살아라*The Power of Now*』를 보면, 오랫동안 불만과 두려움을 겪으며 살았더군요. 더 이상 견딜 수 없게 되자 당신은 소리쳤어요. "나는 더 이상 나와 살지 못하겠어! 내가 둘이란 말인가?"

에크하르트 톨레(이하 ET) 그건 나라는 관념을 부수는 방아쇠였죠. "나와 같이 못 살겠다는 나는 누구인가?" 이 생각이 들자 자신을 '불행한 나'로 여기던 마음이 완전히 사라졌어요. 다음날 아침 나는 조용히 산책하고 있었죠.

안 그렇군요.

ET 나는 깊은 평화를 느꼈고, 마음의 활동은 10분의 1로 줄었습니다. 고요함이 배경으로 느껴지고 '그것'이 세상을 가득 채웠습니다. 그런 느낌이 몇 달간 지속되었죠.

안 그전까지는 몇 년 동안 노숙자로 살았다고 하셨죠?

ET '존재' 속에서 '나'를 잃어버린 겁니다. 지금 이 순간이 너무 충만해서 과거나 미래에 대한 관심이 끊어졌어요. 연속적인 충만이었죠. 그런 상태로 하릴없이 시간을 보냈습니다. 마음은 가끔씩 나한테 돌아왔어요. 그리고 물었죠. "너는 왜 그렇게 만족하니?"

얀 '존재' 속에서 자신이 실종됐다고요?

ET 생각의 흐름이 지극히 느려졌습니다.

얀 생각 없이 그냥 돌아다녔나요?

ET 돌아다니는 동안은 생각이 거의 없었습니다. 당시는 알지 못했어요.

얀 그렇군요.

ET 그럴 때는 관념이나 해석 없이 세상을 마주하게 됩니다. 자신에게 말하든 타인에게 말하든 마음의 간섭 없이 말하지요.

얀 당신에게 깨달음이란 그런 것이었군요.

ET 내가 고요함 속에 '있음'을 확인한 상태죠.

얀 그 고요함 속에 넋이 빠져 있었군요.

ET 그러다가 차츰 새롭게 움직여졌고, 다시 일상으로 돌아갔어요. 노숙자가 내 운명은 아니었나 봐요. 차츰 나의 근원적 존재와 나의 개인적 행위 사이에 균형이 찾아왔어요.

얀 당신의 변환을 알아본 사람들이 생겼죠? 그때부터 가르치기 시작했나요?

ET 그건 나중 일이죠. 아주 천천히 시작되었어요.

얀 그런 지복을 경험했을 때 무슨 일인지 알아차렸나요?

ET 그때는 스승도 없었고, 전혀 이해할 수 없었어요.

얀 이유 없이 갑자기 평화가 찾아왔군요. 그때부터 영적 서적을 찾아 읽었나요?

ET 나와 비슷한 경험에 관한 책이나 스승을 찾기 시작했어요. 여러 군데서 깊은 인식을 얻었고 선이나 바가바드 기타나 도덕경에도 공명을 했어요.

얀 그러니까 깨달은 후에 탐구가 시작됐군요.

ET 맞아요. 크리슈나무르티의 책도 읽었지만 당시에는 무슨 말인지 몰랐어요. 철학적 접근도 해 봤지만, '이것'을 논리로 이해할 수는 없었죠.

얀 사람들이 당신의 경험을 듣고, 비개인적 변화를 개인적 변화로 여길 위험이 있지 않습니까?

ET 확실히 그렇습니다.

얀 당신이 말한 '존재'는 개인과 관계가 없겠죠? '그것'은 바로 지금이니까요.

ET 맞습니다.

얀 당신 옆에 있으면 자신도 '그것'을 찾게 된다는 사람들이 많아요. 왜 이런 현상이 일어날까요?

ET 영적 전달에는 가끔 그런 경우도 있어요. 언어가 전부는 아니에요. 말은 부차적이죠. 나는 비법 또한 좋아하지 않아요. '그것'이 스스로 일어나고, 침묵하는 동안에도 일어날 수 있으니까요. 가끔 시각, 청각, 촉각을 통해 일어날 수 있습니다. '그것'은 일정한 방법이 없습니다.

안 아무것도 정해져 있지 않군요.

ET 문자를 통해서도 '그것'이 전달될 수 있겠죠. 책에서 흘러나오는 수도 있어요. 어떤 사람들은 『지금 이 순간을 살아라』를 읽을 때마다 새로운 에너지를 느낀다고 합니다. '존재'에서 흘러나오는 글에는 에너지가 있어요. 때로는 '존재'와 함께 있을 때 전달될 수도 있습니다. 영적 대화는 언어에만 의지하지 않죠. 그것은 내면을 관통합니다. 그에 비해 단순 정보는 마음이 필터링해서 왜곡됩니다.

안 정보 전달은 지적인 과정일 뿐이죠.

ET 영적 대화는 마음의 필터를 부수고 내면으로 들어옵니다. 그 에너지는 내면으로 들어오는 힘입니다.

안 서로 공명이 일어나는군요.

ET 그렇습니다. 독자나 청중에게 '그것'을 일어나게 만들죠. 그것은 깊은 곳에서 일어나는 발현(Manifestation)입니다. '존재'가 '존재'를 인식하는 상태입니다.

안 거울처럼 말이군요.

ET 그렇습니다.

안 하나의 '존재'만 있겠죠. '그것'이 여러 모양으로 비춰 보이고…… 그 책도 그중 한 가지겠네요.

ET 그렇습니다.

안 책의 내용 중, 내 안에 살고 있다고 생각한 그 인물이 내 안에 없다고 했죠.

ET 그 점이 핵심입니다.

얀 사람들은 그런 말을 좋아하지 않아요. "그건 기괴한 말이야!"
라고 할 수 있잖아요?

ET 처음에는 그런 비난을 많이 들었어요.

얀 하지만 엄청난 발견 아닙니까?

ET 궁극적으로 발견하게 되는 진리죠. 가장 큰 오류는 '내가 몸속
에 살고 있다.'는 생각입니다.

얀 그 생각은 구름과 같지요.

ET 빠르게 지나가는 조각구름.

얀 그런데 당신은 고통체를 말했어요.

고통체(Pain body)는 노병사(老病死)하는 에고적 심신이다. 아드바이타 저술에서는
경우에 따라 현체(Sage body)에 대비되어 쓰이기도 한다. ― 옮긴이

그 생각 역시 지나가는 구름 아닐까요?

ET 당연하죠. 고통체는 생각이며 백일몽입니다.

얀 시간도 백일몽의 일부인가요?

ET 시간은 경이롭죠. 세상일에는 시간이 필요하지만, 자신을 인식
하는 일에는 시간이 필요 없죠. 시간관념은 깨달음에 가장 큰
장애물입니다.

얀 당신은 고통체를 어떻게 다루나요? 톨레에 연결된 고통체 말입
니다. 몸이 병들거나 죽는 일이 벌어지면 관찰자가 되는 건가요?

ET 고통은 여전하겠지만 개인적 느낌은 점점 흐려집니다. 그리고
고통은 개인 소유가 아님을 다시 확인하게 됩니다. (침묵…… 심
각한 표정으로) 그리고 '그것' 안에서 때때로 울어 버립니다.

얀 '그것'의 작동을 항상 재인식하는군요.

ET 슬픔을 모르고 울 때와 슬픔을 알면서 울 때의 차이입니다.

얀 슬픔조차 '그것'이 당신 몸에 그냥 비춰지는 것인가요?

ET '그것'이 완전히 수용되면 인간적 고통까지 수용됩니다. 슬픔이나 육체적 고통 중에도 '그것'을 확인하면 나는 근원으로 돌아옵니다. (미소 짓는다.) 고통 맞은편에 기쁨이 있습니다.

얀 맞아요. 흑백 건반 같죠. '그것'은 성스러운 균형입니다.

ET 딱 맞는 표현이에요.

얀 다행스럽게도 요즘 스승들은 종교적 도그마에서 벗어나고 있어요. 그런 스승들은 규칙이나 수행이 필요 없다고 합니다. 중세였으면 화형감이죠.

ET 맞아요.

얀 지금은 '그것'이 허용되는 시대입니다.

ET 요즘 돌아가는 추세죠. 그런데 당신의 메시지는 무엇인가요?

얀 세 가지로 요약할 수 있어요.

첫째, 모든 사람이 집으로 초대받았습니다.

둘째, 집으로 돌아오기 위해 노력할 필요가 없습니다.

셋째, 집으로 돌아오기를 원하는 사람은 이미 집에 있습니다.

ET 오! 맞습니다.

얀 얻을 것이 더 이상 없다는 사실을 알기 전까지, 사람들은 찾고 또 찾습니다. 하지만 그들은 이미 집에 있습니다. 그리고 이 메시지의 단순함을 인식합니다. 오! '이것'이야! '그것'이 여기 있어!

ET 맞아요. 이 고요함 속에서요. 노력 없이 여기에서 말이죠.

얀 지금뿐만 아니라 이야기하는 중에도 '그것'이 허용됩니다. '그것'에 대해서는 할 이야기가 없습니다.

ET 전혀 없지요. 이미 있는 '그것'을 말입니다.

얀 증명하거나 얻으려는 노력 없이 모두 '그것'을 사용 중입니다.

ET 맞아요. '이것'은 전적으로 수용입니다. 그런데 어떤 사람들은 '그것'을 형태화시킵니다. 종교나 마음의 구조로 말이죠. 하지만 '그것'은 자유롭습니다. '그것'은 형태가 아닌 아름다움 자체입니다.

얀 『지금 이 순간을 살아라』는 세계적인 베스트셀러인데요. 사람들은 당신을 만나고 싶어 합니다.

ET 나는 '그것'에 항상 열려 있습니다. 어떤 행위 없이 말이에요. 아름다운 시 구절이 하나 있어요.

나는 플루트를 관통하는 홀(hole).
음악이 나를 통해 지나가네.
지금 들어보라.

얀 안 들릴 수가 없네요.

ET 그렇죠.

얀 에크하르트 개인으로서 '이것'에 관계하나요?

ET 물론 아니죠. '이것'은 개인적이지 않아요. '그것'에 대한 말이 소리통(자신의 입)을 통하여 나옵니다.

얀 신비함이나 특별함 없이 이 길에 서 있을 수 있나요?

ET 물론 가능합니다.

얀 '그것'은 아마도 갑작스런 깨달음이겠네요. '그것'만큼 공짜가 없겠죠.

ET (하하) 좋죠.

얀 어떻게 이보다 단순할 수 있을까요? 하지만 마음은 항상 특별함을 원하고 '그것'을 미래에 투사합니다. '그것'은 여기 있는데 말이죠.

ET (하하) 공짜로 말이죠.

얀 나누면 즐거움이 두 배죠. 에고의 기쁨이 아니고 바탕의 기쁨입니다. '이것'은 내성이 생기는 쾌락이 아니죠. 모든 것이 포함됩니다. '그것'은 지금과 나란히 정렬됩니다. 고통조차 성스러운 균형입니다.

ET '그것'은 '이 순간' 앞에서 "예!"(Yes! to the Now)입니다. 어떤 순간도 제외될 수 없어요. 이제 '그것'을 보는 사람들이 늘어나고 있어요. 점점 가속되는 중입니다. 이 지구라는 새로운 행성에서.

『A New Earth』 참조, 국내에는 『삶으로 다시 떠오르기』로 번역되어 있다. — 옮긴이

얀 우리는 이렇게도 말할 수 있어요. "당신이 '그것'을 보지 못해도 문제가 없다."

ET '그것'은 제자리에 그대로 있으니까요.

얀 '그것'은 우주에 가득 차 있습니다. 굳이 확인할 필요가 없어요. 고통과 절망까지도 '그것'의 발현입니다. 더욱이 고통체는 '이것'을 만나는 초대장입니다.

ET 당신이 '그것'을 개인적으로 규정할 때는 꿈에 빠져 버립니다. 하지만 걱정 마세요. 꿈꿀 때조차 '그것'은 함께 있습니다. (서로 크게 웃는다.)

안 당신은 어떤 느낌으로 강연을 하나요?

ET 초대에 반응합니다. 물론 개인적 반응은 아니고.

안 생각을 넘어선 해프닝이겠죠? 그냥 일어난 사건 말이에요.

ET 완전히 맞는 말입니다.

안 초대와 응답이 자동으로 일어나는군요. 톨레는 연기자이고 '이것' 자체는 아니죠.

ET 절대 아닙니다.

안 '이것'은 평범하다고 했어요. 당신은 특별한 사람처럼 행동하지 않아요. 스승이나 성자처럼 말이에요.

ET '이것'은 특별해지는 것과 관계가 없죠.

안 특별함은 사람들과 거리만 생기게 만들죠.

ET 특히 제자들에게 둘러싸여 있는 스승들이 그렇죠. 이름난 사원들을 보세요. 유명한 스승들은 자신을 따르지 않는 제자들은 만나지 않아요. 그렇게 오랫동안 스승 노릇하다 보면 자기도취에 빠집니다. 나는 그런 스승들을 많이 보아 왔습니다.

안 그들은 자신이 특별하다고 생각하죠. 자신이 세상을 구한다고 믿습니다. 특별한 스승과 평범한 제자의 구분이죠.

ET 그런 구분은 스승의 에고에게는 커다란 유혹입니다. 스승을 둘러싸고 앉아 있는 제자들의 에고에게도 마찬가지죠. 이런 것들이 개인숭배와 특정 종파가 생겨나는 방식입니다. 모두 에고의 발현입니다.

안 그런 스승은 수행자와 깨달은 자의 차이점을 말합니다. 반면에 『온 바 없다』는 같은 점을 가리키죠. 예를 들어, 당신은 두 눈을 가졌지만 나는 어느 쪽 눈도 보지 않습니다. 단지 하나의 눈만 봅니다. 당신과 나는 단일한 '의식'입니다.

ET (웃으면서) 그렇습니다.

얀 지구인들은 80억 개의 문어발처럼, 각각 다르게 드러나지만 모두 같은 '의식'입니다.

ET 맞아요. 하지만 마음은 '의식'을 해석합니다. 그때 분리가 일어나죠. 특히 종교는 '하나'를 해석해서 분리합니다. 종교란 마음이 만들어낸 결과물이기 때문이죠. 시대 사고를 넘어 종교를 보세요. 그러면 종교의 가리킴에는 침묵이 있습니다.

얀 당신은 책에서 지금과의 합일(合一)을 말했습니다. '그것'을 현실로 받아들일 때 '지금'이 실행됩니다. 그런데 깨달으면 완벽한 인생이 된다고 믿는 사람들이 많아요. 개인적 동기는 사라져도 현실은 그대로일 텐데요.

ET 인생이 전보다 약간은 쉽게 흘러가겠죠. 사람들과 다소 조화롭게 지낼 수는 있어요. 하지만 일어날 일은 일어납니다. 그리고 일이 잘못될 수도 있어요. 인간적 한계는 그대로일 겁니다.

얀 당신은 지금도 톨레를 연기하고 있나요? '그것'을 본 다음에도 말이에요.

ET 개인적 동기는 없지만 예전 성격과 습관은 그대로 남아 있습니다.

얀 그런 것들은 문제가 안 되는군요.

ET 당연히 아니죠. 사람마다 다른 걸음걸이가 문제가 되나요?

얀 맞아요.

ET 가르침 역시 여러 방식으로 흘러나옵니다. 어떤 것도 문제되지 않아요. 가르침은 별자리처럼 다양합니다.

얀 가르침은 다양하지만, 가리킴은 하나라는 말이군요.

ET 바로 그거예요.

얀 사람들도 이제 '그것'이 평범하다는 사실을 알아 가고 있습니다.

ET 누구에게 무엇을 강요한다면, '그것'을 구분하는 중입니다. 어떤 것이 좋거나 나쁘다고 할 때는 이분법에 빠져 있는 상태죠. 나는 '이것'을 공유하는 게 기쁩니다. 항상 새로운 느낌이 들어요. 언제나 신품이죠? (웃음)

얀 드러난 모든 것들은 항상 바탕에서 비롯되었습니다.

ET 맞아요. '그것'은 항상 앎이 없는 곳부터 나옵니다.

성스러운
손의 드러남

Revelation of the divine hand

프랑세즈 루실과의 두 번째 대담, 암스테르담, 2002. 6. 6.

얀 당신이 세상을 돌아다니며 말하는 절대란 무엇입니까?

FL 즐거움이죠. 그러니 그냥 즐기세요. 진리를 찾는 사람과의 만남
이 즐겁습니다.

얀 장 클랭을 만나기 전과는 다르겠죠?

FL 옛날 일이죠. 그때가 서른살이었는데. 벌써 쉰일곱살이나 되었
어요.

얀 선생님은 요즘 '의식'을 말합니다. 물론 의미는 같겠죠.

FL 표현은 바뀔 수 있지만 그때나 지금이나 같습니다.

얀 당신은 한 가지만 강조합니다. 하나의 '의식'이 우리의 절대적
본질이라고 했어요. 누구에게나 주어진 '그것'을 가지고 특별한
척하는 스승들도 많죠. 그들은 거룩한 도인 흉내를 냅니다. 이
런 점은 동양의 가르침에서 자주 나타납니다.

FL 진리는 방향성이 없어요. 클랭의 스승은 벵골(Bengal) 출신입니

다. 도인 흉내 없이 범부(凡夫)처럼 보였어요. 사람들이 현자라고 치켜세우면, 그는 모든 사람이 현자라고 말했습니다.

얀 그럼에도 '이것'을 미래의 깨달음으로 보는 사람들이 많아요. 하지만 '절대성'은 미래에 얻을 수 없어요. 율법을 지킴으로써 '그것'을 얻을 수도 없죠. 특정한 길이나 방식도 없습니다.

FL 말보다 내면이 중요한데, 가르침의 근원이 되기 때문이죠. 그것은 하나의 예술이며 '존재'로부터 나옵니다.

얀 구도자들은 '존재' 속에 영원히 머물 수 있는지 궁금해합니다. 그래야 구도가 끝난다고 믿어요. 그러나 깨달음은 머무는 상태가 아니죠. 그것은 정의되지 않는, 움직이는 자유입니다. 그리고 자유란 자신의 정체성까지 포함합니다. 그 또한 '의식'의 드러남이니까요. 무한한 '의식'은 우리의 느낌이나 행동과는 전혀 관계가 없습니다.

FL '있음'이 중요합니다. 그것은 모든 드러남의 배경이며 자신의 '존재'입니다. 그리고 변하지 않습니다. 그것은 단순하고 긴장이 없으며 변하지 않습니다.

얀 그래서 지속적인 평화를 느낄 필요가 없다는 말이군요. 아무것도 '이것'에서 제외되지 않으니까요. 깨달음 이후에도 감정이나 욕망은 그대로 있습니다. 예를 들어, 전철에서 하이힐에 밟히면 소리 지를 수도 있어요.

FL 물론이죠. 엄청난 욕이 나올 수도 있죠. 이상적인 모습이 아니어도 됩니다. 자유는 모두에게 주어져 있어요. 자유가 없다면 황금 새장 안에 갇힌 새입니다.

FL 어느 날 클랭 선생님이 금붕어에게 먹이를 주고 있었어요. 선생님은 갑자기 휘청하더니, 연못 가장자리에 무릎을 부딪쳤죠. 선생님은 "이런, 염병할!" 소리쳤어요. 보통 때는 그 말을 안 쓰시죠.

얀 조건 반사입니다. 그건 아무 문제없어요.

FL 그때 무릎은 아팠지만, 마음의 고통은 없었겠죠.

얀 개인적인 일상은 집착 없이 계속됩니다. 배우는 계속 연기 중입니다.

FL 깨달았다고 슈퍼맨이 될 필요는 없죠.

얀 깨닫건 아니건 생긴 대로 사는 겁니다. 생긴 대로 성스럽습니다. 모임 목적은 깨달음이 아닙니다. 믿음과 관념을 벗겨내는 일입니다.

FL 관념을 벗겨내면 '의식'이 드러납니다. 개인적 동기가 없어지면 세상이 다르게 보이기 시작합니다. 세상이 친구처럼 편해집니다. 기적이 따로 없습니다.

얀 네.

FL 자유는 두 가지입니다. 벗어나는(From) 자유와 들어가는(To) 자유죠. 전자는 분리된 개인에서 벗어난 자유입니다. 즉 무지로부터 벗어나는 자유입니다. 후자는 영적 욕망이 충족된 자유입니다. 그것은 나의 욕망이 신의 욕망으로 변환된 자유입니다. 욕망에는 끝이 없다지만 이런 자유는 모든 욕망을 채우고도 남습니다.

얀 자유는 중도적 면도 있지 않습니까? 개인적 동기가 없는 느낌.

FL 자유를 얻으면 대상은 욕망되지 않아요. 모든 것을 비추는 성스러운 손 덕분입니다.

얀 그것이 근원(Source)이고 지복(Bliss)이네요.

FL 욕망은 대상에서 거리를 둘 때 충족됩니다. 그때 거룩한 손이 드러납니다.

얀 토니 모임도 이런 식으로 풀어 나가면 되겠네요.

FL 모임에는 주인공이 없어요. 강연자나 참석자나 같아요. 주는 손이 받는 손, 받는 손이 주는 손입니다.

U.G. 크리슈나무르티 *U.G. Krishnamurti*

- 인도의 유서 깊은 브라만 집안에서 태어났다. 본명은 우빠루 고빨라.
- 인도의 마드라스 대학을 졸업했다.
- 13세에 신지학회 회원이 되었다가, 탈퇴 후 33세 되던 해 스스로 부랑자가 되었다. 49세 되던 해, 그는 '그것'에 대한 질문이 사라졌다. 그의 메시지는 간단하다. "신비는 없다. 해탈도 열반도 깨달음도 없다. 나는 어떤 메시지도 없다. 그런 건 대중을 속일 뿐이다. 그러므로 '이것'을 가르치는 선생은 비즈니스맨이다." 크리슈나무르티는 평생 동안 병원에 간 적이 없다. 그는 약간의 소금과 크림만 먹고 살았으며, 식사를 준비하고 먹는 시간은 3분 이내였다.
- 주요 저서로는 『The Mystique of Enlightenment』가 있다.

나를 아무것으로도 분류하지 마라,
심지어 인간으로도.

– U.G. 크리슈나무르티

비추는
거울

A mirror reflecting

U.G. 크리슈나무르티와의 대담, 암스테르담, 2002년 여름.

안 당신의 가르침은 자기주장을 없애는 것이라 들었습니다. 맞나요?

U.G. 크리슈나무르티(이하 UK) 가르침? 누가 누굴 가르쳐? 그건 맞는 말이 아니야. 가르침이란 누구를 바꾸고 싶을 때 하는 행동이야. 그런데 나는 아무것도 바꾸고 싶지 않아. 학위과정 중 지도교수는 나한테 말했어. "너의 말은 하나도 들어맞는 게 없어! 너는 사상이나 철학이 없다고."

안 그래서 가르칠 내용이 없다는 말이군요.

UK 아까 말했잖아. 바꿀 건 하나도 없다고 말이야. 도대체 뭘 바꾼단 말인가?

안 맞는 말이네요.

UK 누구를 자유롭게 만드는 일도 관심이 없어. 그게 내 방식이야. 누가 누구를 돕는다는 말은 애초부터 거짓말이야.

안 그렇다면 사람들을 돕는 계획이나 영적 바람이 없나요? 그건 너무 이기적이지 않나요?

UK 이기주의를 버리라는 말이 있지? 왜 이기주의가 나쁜가? 그건 세상살이에 필요한 거야. 그러니까 이기주의가 나쁘다는 주장이 이기적이야.

루이 블라울리와의 인터뷰에서 태양이 자신의 빛을 비추는 것은 이기주의가 아니라고 말했다. — 옮긴이

안 그렇군요.

UK 뭐든 바꿀 필요가 없어. 세상이 지금과 다를 수 없기 때문이야. 나는 어떤 가치관도 없고, 그 체계에 나를 맞출 생각도 없어. 내면에 전쟁이 있으면 세상도 전쟁이 있고, 내면에 전쟁이 없으면 세상도 전쟁이 없는 거야.

안 바꿀 필요가 없다면, 강연은 왜 하고 다니시나요?

UK 나는 개야, 멍멍이. 개는 누가 오면 짖지. 지금 자네가 물어보니까 짖는 거야. 컴퓨터 프로그램처럼 말이지. 내가 뱉은 말은 나도 몰라. 물론 '의식'이 알지. (자기를 가리킨다.) '그것'은 몸속과 몸 바깥에서 벌어지는 일을 알고 있어. 물론 안팎이 따로 있진 않아. 그런 경계는 생각일 뿐이야.

안 그렇군요.

UK 지금 내가 폼 잡는 건 아냐. 자동적으로 짖는 거지. 말이 자동적으로 나온다고. (자기를 가리킨다.) 누가 버튼을 누르면 데이터 뱅크에서 자동 응답을 하지. 이런 걸 카르마라고 하든 말든, 사실 여기에는 아무것도 없어. (자기 몸을 다시 가리킨다.)

안 아아, 무슨 뜻인지 알겠습니다.

UK (몸을 가리키며) 여기 아무것도 없어. 신비하게 포장할 거 없다고. 그냥 생리학적으로 별거 없어. 머리도 개만큼 멍청한 놈이지. 그냥 뭔가를 저장하고 반응할 뿐이야. 그러니까 여긴 (자기 몸을 가리킨다.) 쓰레기 창고일 뿐이야. 창고는 엄청나게 많은 말과 생각을 쏟아내고 있어. 그런데 무슨 뜻인지 자기도 몰라. 아까도 말했지. 당신도 지금 나처럼 그 쓰레기 창고를 작동시키는 중이야. 아까 당신이 질문할 때 사실 나는 듣지 않았어. 사람은 원래 듣지도 않고 이해도 못해. 그러니 당신 질문이나 내 대답 모두 쓰레기야.

안 그럼 이 대담은 아무 쓸모없네요.

UK 맞아. 난 무엇에 대해서 할 말이 없어. 아는 게 아무것도 없으니까. 그냥 지껄이는 거야. 지금 내 입에서 나오는 말들은 언젠가 이 자루에 집어넣었던 것들이지. 그런데 집어넣은 것은 똥뿐이야. 그러니 난 똥자루야. (웃음) 더러운 말을 해서 더럽게 미안하네.

안 괜찮습니다.

UK 솔직히 난 안 미안해. 서양 사람들은 하루 종일 미안하다고 말하지. 미안(Sorry)도 자동으로 튀어나온 거야. 말이라는 건 그냥 오래된 습관이라고.

안 낡은 컴퓨터 프로그램이지요.

UK 자기가 생각한다는 말도, 생각이 있다는 말도 터무니없지. 정체성이란 말도 헛소리야. 기억을 계속 꺼내 쓰니까 그런 게 있다고 착각하는 거야. 난 평생 동안 미안한 적 없어. 좋은 건 좋고 싫은 건 싫은 거야. 물론 이 똥자루 속에 생각은 없어. 왠지 알아? 생각이라는 물건은 원래 없기 때문이야.

얀　당신은 개인적 개입 없이 말이 나오네요.

UK　그렇지. 난 지금 아는 척하는 게 아니라니깐. 내가 무슨 말을 지껄이는지 나도 모른다고. 나는 거울이야.

얀　그렇다면 말이 그냥 튀어나오네요.

UK　조건 반사지. 우리에게 과연 자유가 있을까? 우리 행동은 자극에 대한 자동 반응이야. 반응 결과 어떤 사건이 일어날 테고 그 사건들을 엮어서 스토리가 만들어지지. 그다음 의미를 부여하고. 사람들은 그런 식으로 머리를 돌리지. 회전목마처럼 말이야.

얀　그래요.

UK　깨달음이니 해탈이니 하는 말도 마찬가지야. 그래서 난 그런 걸 믿지 않아. 난 스승이란 작자의 말을 믿고 안 해 본 짓이 없어. 심지어 썩은 동굴에서 7년을 견뎠지. 열네 살에서 스물한 살까지 말이야. 모든 책과 모든 수련, 고행……

얀　왜 그렇게 힘든 수행을 하셨나요?

UK　그게 모두 똥이라는 사실을 확인하려고. (웃음) 열일곱 살 때였던가? 동굴에서도 본능을 주체 못했지. 뭔지 알지? 자연적 본능 말이야. 나는 그때 스승의 말에 의문이 들었어. 내가 수행 도중 뭘 잘못했나? 그런데 잠깐! 왜 나 자신조차 부정해야 하지? 나는 왜 섹스를 거부해야 하는 거야? 그런 식으로 참고 참다가 깨달음의 경지에 이른 것이 아니라, 섹스를 더 이상 거부할 수 없는 경지가 되었지. 그래서 곧바로 동굴을 뛰쳐나왔어. 그다음 신지학회*에 들어갔지. 우와! 계집애들이 바글

거렸어. 전쟁 때문에 들어온 애들이었어. 천국 같더라고. 거기선 내가 꽤 잘나갔지. 그렇다고 막 놀지는 않았어. 내 근본적인 질문은 섹스가 아니었으니까. 나의 질문은 구도자는 왜 섹스를 부정해야 하는가였지.

얀 그러셨군요.

UK 호르몬 때문에 정욕이 생긴다면 종교 윤리는 모두 엉터리지. 신지학 강연을 할 때 신부가 앞에 앉아 있었어. 그가 독신에 대해서 묻자 내가 대답했어. "섹스하고 싶으면 하느님을 떠나세요. 왜 여자를 안 만나죠? 금지에서 벗어나면 금지된 욕망에서도 벗어나게 됩니다. 금지와 욕망은 같은 뿌리에서 나왔어요. 하느님이 거룩하면 하느님이 만든 섹스도 거룩하죠."

얀 영성 분야에는 그런 오해가 많지요.

UK 다 그렇지 뭐.

얀 업보나 윤회도 그렇죠.

UK 신지학회 50주년 때 3,000명이 모였어. 그때 나는 일곱 살이었지. 어떤 놈들이 내게 다가와서 우아하게 말했어. "나는 전생에 빅토리아 여왕이었어요. 어험, 나는 알렉산더 대왕이었죠. 당신은 전생에 누구였나요? 하루 종일 이런 개소리를 듣다 보니 내 몫으로 남아 있는 위대한 인물이 동이 나 버렸어. 그날로 난 환생이나 윤회에 대한 믿음을 때려 치웠지. 그런 걸 만드는 나라

---

* 1875년 뉴욕에서 시작된 신지학회는 몇 년 후 인도로 옮겼다.
1907년 애니 베전트 회장은 크리슈나무르티를 스승으로 추천했다.
하지만 그는 지위를 거부하고 신지학회를 떠났다.

가 인도야. 업보나 환생은 잘못된 번역이야. 뜻도 모르고 베낀 거지.

얀 그럼 진짜 뜻이 뭐죠?

UK 예를 들어 마야를 환상이라고 번역하지? 틀렸어. 마야는 측정한다는 뜻이야. 측정할 때는 자신의 눈에 초점을 맞추지. 그래서 눈에서 대상까지 거리가 생겨나는 거야. 마야는 측정(판단)으로 자신과 멀어진 거리감을 말하는 것이야.

얀 그렇군요.

UK 눈에서 떨어진 대상을 측정(판단)하다 보니까 환상이 생기는 것이지. 세상 자체는 환상이 아니야. 세상은 그대로 있어. 자신의 눈이 환상을 만들어내는 중이야. 강도가 쳐들어와 머리에 총을 들이대도, '이건 환상이야.' 하면서 도망가지 않을 텐가?

얀 그렇지는 않죠.

UK 업보도 별 뜻 없어. 자극에 대한 반응이야. 자극과 반응은 동시에 일어나지.

얀 작용과 반작용 법칙이죠.

UK 맞아. 최근 뇌 과학자들은 새로운 결론을 내렸어. 두뇌는 창조 능력이 없다고. 뇌는 중요하지 않고 그냥 반응 장치일 뿐. 최근 생리학자들이 이 사실을 밝혀냈어. 두뇌는 창조하는 기능이 없고 거울처럼 반응하는 기능만 있다는 사실을 말이야.

거울 뉴런: 타인의 행동을 거울처럼 따라 한다고 해서 붙인 이름이다. 옆 사람이 하품하면 따라 하거나 영화 볼 때 주인공이 울면 같이 슬퍼지는 밈(MEME) 반응이다. 1997년 이탈리아 파르마 대학의 자코모 리촐라티 박사가 발견해서 노벨생리학상을 수상했다. — 옮긴이

얀 진짜요?

UK 인간의 마음이란 제멋대로 꾸며내는 놈이지. 난 오늘 아침에 이렇게 말했어. 스승들 마음속에도 짐승들이 우글거린다고.

얀 아하.

UK 영적 가르침이란 건 아무짝에도 쓸모없어. 거룩한 스승 말 믿지 말라고. 그 사람들은 자신이 영적으로 우월하고 자기가 무슨 말을 하는지 안다고 생각하지. 내가 말해 줄까? 쥐뿔도 모르는 녀석들이야. 시장 바닥에 널린 게 성자야. 그들은 잡동사니를 팔고 있지. 인류애, 인간에 대한 자비심 따위를 들먹이지. 왜 그런 짓을 하는지 내가 상관할 바는 아니지만. 다 개소리야. 그런 놈들 중에 자기 말을 실천하는 놈은 본 적이 없어. "으음, 내 말을 따르시오."라고 천천히 말하면서 자기는 반대로 행동하는 거야.

얀 석가모니도 불교인이 아니었죠.

UK 예수도 종교인이 아니었지. 사람들은 스승이 뭔가 주길 바란다네. 평화를 찾는다며 자신이 가진 평화를 버리는 짓이지. 그런 노력은 아무 쓸모없단 말일세. 원래 살아 있는 모든 생명체는 영적인 경험이 필요 없어. 뛰어노는 아이들을 보라고. 뭐가 필요한가? 그런데 구도자들이 어쩌다 신비한 경험을 하게 되면, 더 많이 바라고 계속 바라고, 그 상태에 영원히 머물고 싶어 한다네. 축복이니 지복이니 조건 없는 사랑 운운하며 시인이 되어 가지. 그런 식으로 사람들은 끝없이 무엇인가 찾고 있어.

얀 맞아요. 피안이니 귀환이니, 미지의 세계를 끝없이 찾으며…….

UK 이름난 스승의 전기를 보면 신비한 수행법이 나와 있지. 제자들은 자신도 따라 하면 깨달음을 얻을 걸로 확신하지. 그런데 그 놈을 따라 해도 이게 잘 안 되는 거야. 그럼 스승은 "계속 따라 하라. 언젠가 너도 나처럼 될 수 있다."며 꼬드기지. 그런데 그런 일은 절대 일어나지 않아. 깨달음은 행동이랑 상관없기 때문이지. 아무와도 상관이 없다고! 그러면 사람들은 나에게 되묻지. "왜 누구는 일어나고 나는 안 일어나죠?" 이건 대답할 수 없는 질문이야. 확실한 건 정회니 준비 과정은 필요 없다는 사실이야. 깨달음은 얻는 물건이 아니야. 빗방울처럼 아무 데나 떨어지는 거야. 개인과는 상관없는 일이라고. 장담컨대, 많이 바랄수록 얻는 것은 없을 거야. 그리고 이 자리에서 내가 줄 것도 없고.

안 　깨달음을 가지고 심각하게 고민할 필요가 없군요.

UK 　심각해서 뭘 얻겠다는 건가? 인상 쓰면서 밥 먹으면 소화가 잘 되나? 난 할 말 다했어. 이제 가야겠다.

안 　감사합니다. 다음에 또 뵙겠습니다.

UK 　(문을 나서며) 근데 자네 어디서 왔지?

안 　벨기에요.

UK 　그 나라는 그게 맛있더군. 그거(초콜릿) 한 통 보내 줘.

바로 이것
This is it

게스 슈뢰더와의 대담, 『아미고』誌 게재 *

게스 슈뢰더(이하 KS) 스승은 당신에게 어떤 역할이었죠?

얀 나는 많은 스승들을 만나 보았어요. 스승을 만나 뭘 얻기보단 있던 걸 버리게 되었죠. 하나하나 믿음을 버리다 보니 깨달음에 대한 희망도 버리게 되더군요. 결국 찾는 자는 없게 됩니다. 그것은 청소와 같아요. 토니는 나의 마지막 스승이었죠. 그는 나를 처음 보자마자, "바로 이거(This is It!)" 했는데 난 곧바로 공명했어요. 그 한마디에 모든 의문이 사라졌어요. 에고 게임의 정체가 벗겨졌죠. 무지의 상태 → 조금 아는 상태 → 깨달은 상태와 같은 단계적 과정이 있을까요? 깨달음이 등산길은 아닐 테고……. 이런 단계적 믿음은 두 가지 잘못된 관념 때문이죠. 한 가지는 깨달음이 개인 소유라는 오해, 또 한 가지는 미래에 대

* Amigo(ezine n°.5) 참조

셋. '하나'의 본성에 관한 대담   307

한 집착이죠. 수행자는 당근을 좇는 당나귀와 같아요. 깨달음은 개인과 시간을 벗어난 '그것'입니다. 완벽한 경지도 아니죠. 스승이란 누구일까요? 잘못된 관념을 없애는 사람이 스승이죠. 깨달음에 대한 개인적 욕망 말입니다.

KS 진정한 스승이라면 덜 진정한 스승도 있단 말인가요?

얀 내 말에 모순이 보일 겁니다. 언어는 단 하나의 '의식'을 가위로 조각냅니다. 언어는 무엇을 표시하는 기능밖에 없는데 우리는 언어를 실체로 받아들입니다. 언어는 하나를 말할 수 없어요. 본성이니 깨달음이니 해탈이니 모두 관념이죠. 그런 말은 한번 듣고 버리세요. 당신 질문에 답하자면, 진정한 스승과 덜 진정한 스승은 없습니다.

KS 그렇군요.

얀 물론 사이비 스승도 많지만 이제는 비판하지 않아요. 진정한 스승은 거울 같아요. 스승은 자기 내용이 없어야 합니다. 제자도 스승도 아무 차이 없습니다. 모두 빈집이죠. 빈집을 '의식'이라고 말할 수 있지만, '의식'은 언어로 서술될 수 없습니다. '의식'은 깨달음으로 표현될 수도 있는데, 그것은 잡을 수도 없으니까 미래의 경지도 아니죠.

KS 동의합니다.

얀 나는 스승이 아니고 깨달았다고 말하지도 않아요. 마음을 열어준다는 말도 하지 않습니다. 그런 능력도 없고요. 무한성을 어떻게 다른 사람에게 전해주겠어요? 오직 하나의 '의식'만 있는데 전달받을 사람이 어디에 있겠어요?

KS 그렇다면 모임을 여는 이유가 무엇인가요?

얀 모임에서는 단지 잘못된 관념만 드러내 줍니다. 누구를 깨닫게 할 수 없고 필요하지도 않아요. 사람들에게 빛을 가져다주거나 세상을 구하는 일이 정말 필요할까요? 빛은 모든 곳을 비추는데 무슨 걱정이죠? 빛은 맹인에게도 똑같이 비추고 있어요. 그냥 주어져 있습니다. 선인이나 악인에게…….

KS 점진적 길은 구도자에게 희망을 줍니다. 그들은 영적인 진보를 기대합니다. 반면에 직접적 길은 구도자가 없고 가르침도 없습니다. 당신 모임에서 아무것도 가르치지 않는다는 말이 사실인가요?

얀 나는 무한성만 가리킵니다. 시간도 공간도 없는. '그것'은 언제나 있고 어디에나 있습니다. 그러니 '그것'이 어떻게 전달될 수 있을까요? 어떤 스승이 점진적 길(갈고 닦는 수행)을 주장한다면, 깨달음과는 다른 이야기를 하는 중입니다. 이를테면 초월적 경험, 집단 명상, 영적 통찰, 개인적 성장, 사랑과 평화 따위를 들먹이는 스승들이죠. 그런 스승은 감동적일 수 있지만 내가 가리키는 것과는 다릅니다. 집에는 어떤 개인도 없습니다. 스승도 구도자도 없어요. 그런데 누가 무엇을 이야기할 수 있나요?

KS 당신은 어떤 영적인 경험이 있었나요?

얀 당신은 지금 얀의 스토리를 묻고 있어요. 얀이란 개인은 없어요. 그런데 웃긴 건 얀이 사실처럼 느껴져요. 나는 20년 전 구도 당시 얀을 기억하죠. 하지만 그때 기억은 지금 일어나고 있어요. 장소도 수도원이 아니라 바로 여기서 기억하죠. 그러므로 존재하는 것은 지금 여기뿐입니다. 그러니 과거는 없어요. 과거는 지금 일어나는 생각입니다.

KS 그래도 당신의 영적 경험이 궁금하군요.

얀 기억하세요. 개인적 경험은 쓸모없는 '생각'입니다. 그래서 『온 바 없다』에서는 개인적 경험을 삭제했어요. 구도자들은 영웅적 경험을 담은 책을 읽고 좌절합니다. 자신과 비교하기 때문이죠. 이런 책은 구도자를 잘못 인도합니다. 잠시 시간 여행을 해 보자면, 얀은 진지했고 열정적이며 비판적이었죠. 하지만 수행을 위해 서양식 습관을 버리지는 않았어요. 깨달음을 위해 승복을 입거나 법명을 받을 필요도 없죠. 와인을 마시고 섹스를 즐기고 BMW를 타도 문제가 없어요. 호화로운 휴가도 가능하지요. 하나는 모든 것을 허용하니까요. 나는 아무것도 제외시키지 않았어요. 그것이 나의 논점이에요. 만일 내가 전체라면 어떠한 규칙이 있겠어요? 나는 불교나 힌두교, 기독교, 뉴에이지 영성을 모두 버렸습니다.

KS 그렇군요.

얀 열다섯 살 때 첫 키스를 했어요. 그때 전체가 열리는 느낌을 받았죠. 그런 걸 영적 경험이라 한다면 종교적으로 들리기도 합니다. 그때는 애송이였지만 순수한 '있음'이었죠. 수정처럼 맑았어요. 동시에 개인적인 동기가 사라졌어요. 지금 이런 경험을 말하는 진짜 이유가 있어요. 그런 특별한 경험, 소위 말하는 영적 경험이 오히려 '있음'을 방해했다는 사실입니다.

KS 그다음은 어떻게 되었나요?

안　요가와 명상을 시작하고 무경계를 경험했죠. 그때 친숙한 공허감을 느꼈어요. 오래된 '그것'을 재인식하는 듯했죠. 친구와 집으로 돌아가는 듯했어요. 나는 점점 구도자가 돼 가고 있었죠. 나는 책 속의 스승들도 많이 만나 보았어요. 크리슈나무르티, 요가난다, 디팩 초프라, 마하라쉬와 마하라지도 만나 보았죠. 하딩의 실험은 많은 드러남을 보여 주었어요. 커튼이 젖혀진 느낌이었죠. '풍문'이 아니라 직접 '봄'이었습니다.

나는 점점 더 개방되고 텅 빈 감정을 맛보았어요. 하지만 영적인 굶주림은 여전했죠. 나는 점점 더 많은 책을 읽었어요. 크리슈나무르티, 에크하르트 톨레, 라메시 발세카, 웨인 리쿼먼, 수잔 시걸……. 그러면서 점차 믿음 체계가 벗겨졌어요. 그럼에도 머리는 미래의 목표와 영적인 행로를 계획하고 있었죠. 말하자면 비교와 갈망, 이상주의 같은 에고 게임 말입니다. 한편으로는 녹아내리는 빙산에 앉은 듯했어요.

그 당시는 내가 빙산이라는 생각은 못했어요. 나는 좀 더 진보하고 체험이 일어나기를 바랐죠. 토니를 만나기 전까지. 마침내 런던에서 토니를 만났을 때, 한마디로 나를 박살냈습니다. "This Is It!" 그때 구도 행각은 끝났습니다. 쾅! 망치로 얻어맞은 느낌. '그것'은 광대한 드러남도 신비한 경험도 아니었어요. 그 한마디로 모든 노력이 끝났어요. 아주 간단하고 자연스럽게 그동안 쌓은 모래성이 무너져 버렸죠. 그리고 마음이 다시 모래성을 쌓을 때조차 '그것'은 명확했어요.

KS　그동안의 모든 노력이 허무하단 느낌은 없었나요?

얀 처음에는 토니가 나의 희망을 모두 빼앗아 가는 느낌이 들었죠. 찾을 것이 아무것도 없었거든요. 모든 문제와 함께 희망도 사라졌어요. 마음 한구석은 뭔가를 얻기 원했어요. 플러그가 뽑힌 선풍기가 잠시 회전하는 상태와 같았어요. 그러다가 결국 두 손들고 말았죠. 모두 떨어져 나간 겁니다. 깨달음을 증명하려고 했던 내가 없다는 사실을 알게 되었어요. 그건 생각에 불과한 나를 찾고 있는 에고였죠.

KS 혹시 토니에게 휘둘리는 느낌이 들지는 않았나요?

얀 내 질문이 그를 통해서 부메랑처럼 돌아왔어요. 이미 존재했던 '그것'이 명확해진 겁니다. 네이선도 이런 말을 했어요. "우리는 모두 쌍둥이다. 모두 '의식'이므로 내가 어떤 상태이든 문제되지 않는다. 이것이 한 번이라도 명확해지면 다시 돌아갈 수 없다." 내가 수렁에 빠진 사람처럼 보였겠죠. 에고가 사라졌으니 말이죠. 하지만 그 역시 하나의 드러남이죠. 에고의 죽음은 환상의 소멸입니다.

KS 직업인 의사로서 얀은 변하지 않았나요?

얀 사회적 기능은 그대로였죠. 장점이나 단점조차 변하지 않았어요. 본성은 특별하지 않아요. 오히려 이전보다 평범해졌어요. 기억하세요! '그것'을 알아차린 사람조차 유령이라는 사실을. 나는 '의식' 자체입니다. 이 책을 읽고 있는 독자들도 '의식'입니다.

KS 습관이 남았다면 영적 수행도 계속되었나요?

얀 찾는 행위는 완전히 멈췄습니다. 무엇을 바꿔야 한다는 생각이 없어졌으니까요. 이제는 옳고 그름의 경계를 볼 수 없습니다. 모든 것은 제대로 있습니다. 얀이란 이미지는 실용적으로 다시 나타날 수 있어요. 어떤 일도 완전합니다.

KS 그럼에도 불구하고, 뭔가 변화되지 않았나요?

얀 남을 판단하거나 비난할 필요성이 완전히 사라졌어요. 영적 수준에서는 모든 전쟁이 끝났죠. '의식'은 인식하기 전에도 항상 있었어요. 그동안 나의 영적 경험은 완전한 착각이었죠. 그런 잡동사니들은 에고에게는 중요했지만 지금은 그런 경험조차 없었던 사건처럼 느껴집니다.

KS 그렇다면 영적 경험이란 무엇인가요?

얀 그건 전적으로 아무것도 아닙니다. 감히 어떻게 '그것'에 대해 말할 수 있겠어요? '그것'은 경험과 관계없이 주어져 있습니다. '의식'은 거룩하거나 비루한 상태일 때도 100% 존재합니다. '그것'을 보았는데 더 이상 어디로 가겠어요?

'있는 그대로'
'What is'

『왓킨스 리뷰』誌와의 대담, 2003. 2.

왓킨스 리뷰(이하 WR) 당신의 책에 대해 궁금합니다.

얀 1995년 하딩을 만난 후 『집으로 오늘 길』을 구상했죠. 새로운 영감이 떠오르면 추가하고, 몇 년이 걸렸어요. 마하리쉬나 마하라지로부터 토니 파슨스, 프랑세즈 루실, 네이선 길에게 많은 영감을 얻었어요. 『온 바 없다』는 벨기에서 2001년에 출간했죠. 6쇄를 찍었고, 요약본으로 나왔습니다.

WR 주제는 무엇이며, 언급한 사람들은 어떤 영향을 주었나요?

얀 주제는 모두 '있음'에 대한 재인식입니다. '그것'은 노력해서 얻는 물건이 아니에요. 나는 '그것'을 찾지 못했고, '그것'이 나를 찾았습니다. 하딩은 말로만 듣던 '그것'에 관한 소문을 소견으로 바꿔 주었죠. 그의 실험은 자명하면서 평범했어요. 난 성속(聖俗)을 구분하며 살고 있었죠. 하딩을 만난 후 그런 구분이 사라졌어요. 먹고 자는 일상이 영적 생활이 되었어요. 하딩은 말했죠. 그냥 "'이것'을 보면 된다네." 예를 들면, 저쪽에 얼굴이 있고, 이쪽에는 없다. 그런데 지금은 이쪽저쪽도 분별이라 생각합니다. '있음'은 없음조차 포함합니다.

내 책에서는 X, Y관점으로 나눴어요. X는 개인적 관점이고 Y는 비개인적 관점인데, Y는 X를 포함합니다. 몇 년 후 토니는 '바로 이거!'로 이 관점조차 날려 버렸죠. 지금은 하딩의 실험도 필요 없어요. 모든 관념은 옷과 같죠. 의상은 연기에 필요하지만 자신은 아니잖아요? 토니는 말했어요. "깨달음에 관한 경험은 필요 없다. 그런 건 생겨난 것이므로 반드시 사라진다. 경험은 이미 있는 '그것'과는 상관없다." 오히려 경험은 깨달음에 방해꾼이라고 했어요. 런던에서 토니의 부인 클레어를 만났어요. 그녀는 말했죠. "'있음'은 회피할 수 없어요. 갈 곳이 없어요. 여기가 집이에요." 그녀는 경험이나 스승 찾는 일은 게임이라 말했죠. 난 그 말을 듣고 『집으로 오는 길』을 쓰기 시작했죠. 종종 옛 습관으로 돌아갔지만, 그때마다 토니와 네이선이 가면을 벗겨 주었어요.

WR 가면이라뇨?

얀 시간과 공간 속에서 사는 '나'라는 가면이죠. 가면이 벗겨진 후 명확해졌어요. 더 이상 갈 데도 없고, 얻을 것도 없어졌습니다.

WR Y관점을 얻기 위해 켄 윌버는 '의식'의 진화가 필요하다고 주장합니다.

얀 사실 Y관점은 얻을 수 있는 물건이 아닙니다. Y(전체)는 감지하거나 이해할 수 없어요. 우리가 전체(Y)이므로 전체는 전체를 지각할 수 없다는 말입니다. Y관점은 '의식'이고 우리입니다. 더 간단히 말하면 하나는 하나를 볼 수 없습니다.

WR 그렇군요.

얀 X관점은 개인이고 Y관점은 의식입니다. 『온 바 없다』에서는 X관점이 Y관점에 포함된다고 했어요. 이 또한 이해를 돕기 위한 일시적 도구죠. 그 책을 읽어도 '있음'을 찾을 수 없어요. 이미 있는 '그것'을 어떻게 찾을 수 있겠어요? 저는 '진화'라기보다는 '무르익음(Ripening)'이라 말합니다. 살아가면서 '그것'을 언뜻언뜻 알아차리는 겁니다. 항상 배경으로 있는 '그것'을 말입니다. 하지만 근본적으로 '그것'은 진화하거나 무르익는 것이 아닙니다. 이미 우리에게 주어진(이미 우리인) '그것'은 찾을수도 잃을 수도 보태거나 뺄 수도 없습니다. 그래서 '있음'은 변화될 수 없는 영원입니다. 우리는 변함없는 '있음' 그 자체입니다. 만일에 진화되거나 단계적으로 발전하며 점차 깊어지는 것을 보았다면, 당신은 다른 것을 본 겁니다. 그런 건 단일한 '의식'과 관계없습니다.

책은 관념에 불과하며 '있음'과는 전혀 관계없습니다. Y관점은 이해할 수도 얻을 수도 없죠. 나는 (Y이므로) Y로 갈 수도 없습니다. 이것만 확실하게 말할 수 있어요. '그것'의 자명함. '그것'은 내가 찾기 전에도 나를 한 번도 떠난 적이 없어요. 그러니 애초부터 '그것'을 찾을 필요가 없죠. '그것'은 찾는 동안에는 느낄 수 없죠. 찾음을 포기하고 돌아설 때 100% 드러납니다. '그것'은 얀이 인식하든 못하든, 전달하든 말든 상관하지 않습니다. 구도자는 깨달음이란 관념의 허구를 알기 전까지는 수행을 멈추지 못할 것입니다. 결국 구도란 개인의 영적 성장을 바라는 우스꽝스러운 게임이라는 사실을 알게 되겠죠. 카드 쌓기 게임은 결국 무너질 수밖에 없습니다.

본성을 찾기 위해 어디로 가려 하나요? 당신이 본성인데 말입니다. 어떤 여성이 내게 물었죠. "나는 '그것'을 언뜻 본 것 같아요. '그것'을 어떻게 잡아 둘 수 있나요?" 그녀는 '그것'을 한 번 보았고, 바로 잃어버렸다고 했습니다. 난 그녀에게 말했죠. "그건 마치 물이 '난 수분을 잃어버렸어요! 어떻게 다시 물기를 얻을 수 있나요?'라는 말과 같아요." 나는 소리쳤어요. "비록 '그것'을 느끼지 못해도 당신은 물속에 있어요. 물이 어떻게 물기를 잃어버릴 수 있나요? 당신이 어떻게 본성이 아닐 수 있나요? 어떻게 당신이 당신 아닐 수 있겠어요?"

우리 본성이 '있음'임을 안다면, 있는 그대로의 삶에 스머듭니다. 당신 삶이나 나의 삶, 우리의 삶이 아닌 그냥 삶을 말합니다. '그것'을 보면 자신에 대한 설명은 사라집니다. 우리는 모든 것이 드러나게 허용하고, 무엇도 고정시키지 않습니다.

누가, 어떻게, 왜냐고 묻지 않으며 살아집니다. 나타나는 모든 것들에게 영향 줄 생각 없이 살아집니다. 평범함 속에서 성스러움이 드러납니다. 이 평범함은 펄펄 살아 있습니다. '그것'은 이론이 아닙니다. 너무도 광대해서 모서리가 없습니다.

경계가 없는 '있음'은 종교 속으로 들어갈 수 없고, 종교를 통해서는 '있음'이 전달될 수 없습니다. '있음'은 가르침이나 종교로 포장할 수 없습니다. 과거의 현자가 전달할 수도 없습니다. 왜냐하면 '그것'은 이미 작용 중이기 때문입니다. '있음'은 언제나 이 자리에 있었고, 누구나 '이것'을 쓰며 살아가고 있습니다. 그러니 '있음'을 전혀 몰라도 됩니다. 당신은 지금 '이것'을 보는 중이니까요. 인정하지 않더라도. 당신은 '이것'을 사용 중입니다.

깨달음이란 개인적인 주제를 완전히 벗어나 있습니다. 경전을 읽고, 스승을 찾고, 수행을 하며 에고를 버리는 노력은 모두 영적 물질주의입니다. 개인적인 노력은 깨달음을 먼 미래로 밀쳐놓습니다. 구도 행위는 백일몽을 지속시키는 시간과 공간을 만들어냅니다. 마음은 항상 목표를 원하고, 안전을 바라고, 더 나은 미래에 대한 희망을 가집니다. 에고는 자신에게 주어진 문제를 없애려고 합니다. 그러나 '있음'은 목표나 보상이 없는 '그것'입니다.

'있음'은 영적 물질주의의 종말입니다. '그것'은 개인이 유령이라는 사실을 알아차리는 일이 전부입니다. 당신이 하나의 관념이라면 무엇을 할 수 있고 어디로 갈 수 있나요? 개인이라는 유령이 어떻게 깨달음을 얻을 수 있나요? 개성을 없애라는 뜻이 아닙니다. 개인이라는 믿음에서 벗어나라는 뜻입니다. 과거와 미래, 높은 곳과 낮은 곳, 성스러움과 속됨에 대한 마음의 끊임없는 지껄임을 무시하란 뜻입니다. 관심을 멀리하면 그런 관념들은 저절로 소멸됩니다. 우리는 아무리 발버둥쳐도 본성에서 벗어날 수 없습니다. 삶이란 우주적 농담이죠. 깨어남은 개인적 성취가 아니며, 정해진 길이 없습니다. 경계가 없는 무한한 공간에서는 항상 일어날 일만 일어납니다. '그것'을 영적 차원에서 본다면, 자기 중요성(Self Importance)의 죽음입니다. 그 후 개인이 어디로 가거나, 더 높은 경지가 된다는 이야기는 사라집니다. 영적인 자부심과 거만함 역시 사라집니다. '그것'을 증명하려는 사람은 덫에 걸리게 됩니다. 왜냐하면 모든 사람이 '그것'의 드러남이기 때문이죠.

우리는 모양과 색깔이 없으며, 시간에서 완전히 벗어난 '존재'입니다. '이것'은 여러 가지로 표현되는 하나이며, 객체로 나타나는 주체이며, 개인으로 표현되는 비개인이며, 부분으로 나타나는 전체입니다. '이것'은 분리와 판단이 끝나는 지점이며, 모든 체계가 사라지는 곳입니다. '이것'은 영적 행위의 종말이며 가난한 자의 출발점입니다. '이것'은 영적 소유의 종말이며, 통제의 종말이며, 성스러워지려는 노력의 종말이며, 답을 구하려는 욕망과 구도의 종말입니다. '이것'은 예수가 말한 마음의 가난입니다. 주님은 이렇게 말했죠. "부자가 천국에 들어가기가 낙타가 바늘구멍에 들어가기보다 어렵다." *

우리가

개인적 희망과 두려움을 가지고 있는 한,

개인적 선택과 자부심을 가지고 있는 한,

개인적 정체성과 의미 있는 인생 이야기를 가지고 있는 한,

우리는 너무 부자라서 결코 천국에 들어갈 수 없습니다.

우리의 모든 질문과 구도는 자기중심적 행위입니다. 진정한 가난은 소유물을 버리고, 가족을 떠나고, 새로운 이름을 얻고, 산으로 들어가 금욕 생활을 하는 일이 아닙니다. 모든 소유와 욕망의 근원, 즉 '나'라는 가면을 벗는 일입니다. '나'가 보이지 않으면 이미 하늘의 왕국에 와 있습니다.

그러나 "하나님은 그것조차 능히 하실 수 있다." 「마태복음」 19:23~24 ― 옮긴이

---

* 부자도 결국 왕국에 들어간다. 부자도 '이것'에서 제외되지 않는다.

당신은 깨달음을 얻기 위해 이 책을 집어 들었겠죠. 아마도 당신이 얻을 만한 이야기가 몇 가지는 있을 겁니다. 그러나 나는 말합니다. "'그것'은 당신 생각처럼 작용하지 않습니다. 거듭 말합니다. 내 말을 따르지 마세요! 어떤 사람도, 어떤 스승도 따르지 마세요. 비록 우리는 부족함을 채우고 싶고, 희망을 갖고 싶고, '그것'을 얻고 싶겠지만 말입니다. 왜, 어떻게, 언제라는 질문을 내려놓으세요. 그런 의문은 당신이 벌이고 있는 유령 게임을 더욱 강화시킵니다. 구도자라고 믿는 자신은 관념이며, 깨어날 때는 깨어난 자가 없습니다." 그러니 당신은 이 책으로 얻을 것이 없습니다. 단지 당신이라는 유령 가면을 벗겨 줄 따름입니다.

이 책은 개인이 아닌 '있음'으로 당신에게 다가갑니다. 당신이 아무것도 얻을 바 없다는 사실을 이해할 때, 어쩌면 당신에게 '그것'을 가리킬 수 있겠죠.

이 책은 당신에게 필요 없거나 필요한 것을 빼앗을 것입니다. 당신은 오랫동안 조건화된 개인이라는 믿음을 잃게 됩니다. 어떤 것을 버려야 한다는 생각조차 버리게 되겠죠. 버리는 당신이 존재하지 않으니까요. 한편 이 책을 읽으면서 당신이 아무런 믿음이나 관념을 버리지 않아도, 당신의 관념을 꽉 붙잡고 있어도, 당신은 완벽합니다. 왜냐하면 그것 또한 단일한 의식의 드러남이니까요.

당신이
이 책을 이해했다면 잘못 읽었다.
'그것(It)'은 '배경'을 가리키는데
'배경'은 앎과 모름으로 나눌 수 없다.

당신이
이 책을 읽고 깨달았다면 잘못 읽었다.
'그것(It)'은 '전일성(Unicity)'을 가리키는데
'전일성(全一性)'은 깨달음과 못 깨달음으로 나눌 수 없다.

당신이
이 책으로 '그것'을 보았다면 잘못 보았다.
그것은 '하나(Oneness)'를 가리키는데
'하나'는 '하나'를 볼 수 없다.

당신이
'그것(It)'을 '배경'으로 여긴다면 잘못 읽었다.

그것은 주체와 대상이 없는 '있음(Being)'이다.

당신이
얀의 여정을 따라간다면 잘못 읽었다.
그것은 방향 없는 바람을 가리키는데
'바람'은 '바람'을 따라가지 않는다.

당신이
이 책의 말에 의지한다면 잘못 읽었다.
그것은 모두의 '빛'을 가리키는데
'빛'은 '빛'에 의존하지 않는다.

저자는 '나'를 꿈, 유령, 배우라고 한다.
개인의 임시성, 비실체성을 가리키는 말이다.
내가 유령? 내가 배우라니! 내가 없단 말인가?
얀은 안심하라고 다독인다. 당신이 '그것'이니 말이다.
모든 드러남은 '그것'이 꾸는 꿈이며 그것이 추는 춤이며
그것이 연출하는 연기이다.

'그것(It)'은 무엇인가?
'그것'은 바로 단 하나의 '의식'이다.
'의식(Consciousness)'은 모두가 공유(Con)하며 모두가 알고
(Sciousness), 모두가 쓰고 있는 '바로(This) 그것(It)'이다.

그것은 보이는 모든 것

그리고 보이지 않는 더 많은 것의 나타남이다.

나, 배우자, 부모, 자식, 기쁨, 슬픔, 생각, 탄생, 죽음…….

그리고 배경, 공간, 흰색 스크린, 빛, 마음…….

이 모든 나타남은 하나의 의식에서 의식으로 드러나 있다.

이 글 역시 두 개의 눈이 아닌 하나의 의식으로 읽히고 있다.

그것은 나를 비롯한 모든 드러남의 배경, 공간, 스크린, 마음이다.

동시에 그것은 주관과 객관이 없으니 배경, 공간, 스크린, 마음도
아니다.

그것은 '있음(Being)'이다.

그것은 '존재(Presence)'이다.

그것은 바로 이 '순간[刹那]'이다.

그러니 누구든 별도의 깨달음을 추구할 필요가 없다.

왜냐하면

깨달음 또한 의식인데 그것은 누구나 사용 중이며 언제나

작용 중이기 때문이다.

어떤 자가 깨달음을 구한다면 비행기를 타고 하늘에서 택시를
잡으려 애쓰는 거와 같다.

우리는 모두 '하나의 나라(Uni-city)'에 하나(Oneness)로 존재(Being)
한다.

그럼에도 왜 나는 분리된 개인으로 느껴지는가?

왜 나는 기쁨과 슬픔, 행복과 불행, 외로움과 괴로움, 탄생과 죽음

이라는 이야기를 가진 개인으로 느껴지는가?

그것은 단일한 의식이 벌이는 1인 80억 역할의 연극이기 때문이다.

의식은 왜 이러한 드라마를 펼치는가?

그것은 80억 생명의 댄스파티이며(It's a Dance of Divine),

이 댄스의 이름은 사랑이다(It's a Dance of Love).

그러므로 개인이 어떤 체험을 했는가, 깨달았는가는 전혀 의미 없다.

개인적 깨달음과 상관없이 모든 드러남, 그것은 하나의 의식이기 때문이다.

그렇다면 왜 '하나임(Oneness)'을 찾을 수 없는가?

모든 드러남은 의식 안에서 의식으로 존재(Being)하기 때문이다.

모든 드러남(This)과 의식(It)은 하나로서 같다.

This is It!

그것(It)을 의식, 배경, 공간, 또는 하나님, 부처, 공, 고요함(Stillness)
......

통틀어 진리라고 말해도 좋다.

진리에는 세 가지 속성이 있다.

첫째, 진리는 공기와 같아서 얻을 필요 없다.

노력해서 깨달았다면 그런 것은 진리가 아니다.

수행자란 숨 쉬기 위해 공기를 구걸하는 거지와 같다.

둘째, 진리는 빛과 같아서 누구에게나 비춘다.

빛이 나에게는 없고 스승에게만 있다면 진리가 아니다.
수행자란 하루 종일 빛을 따라 맴도는 비루한 해바라기와 같다.

셋째, 진리는 시간, 공간이 없고 '지금 여기'이다.
그러므로 깨달음이 미래에 있고, 히말라야 사원에 있다면 진리가
아니다.

얀은 "수행으로 얻는 깨달음은 없다!"고 잘라 말한다.
심지어 깨달음조차 없다고 말한다. 부드럽지만 단호하게.
그는 깨달음을 금지한다.
그렇다면 도대체 깨달음이란 무엇인가?
이러한 가짜 질문은 다음과 같은 엉터리 질문에서 비롯되었다.
나는 누구인가? 어떻게 행복해질 수 있을까?
어떻게 자유롭게 살 수 있을까? 삶이란 무엇인가?
죽음 후에 나는 어디로 가는가?
이원성의 세계에서는 이러한 이분적 질문이 가치를 지닌다.
답변 방식으로는 철학과 윤리, 종교가 있다.
하지만 비이원성의 세계에서는 이러한 질문이 가장 쓸데없다.
누군가 계속 가짜 질문을 던진다면 모두 가짜 해답을 기다리며
두 번째, 세 번째 총알을 연속으로 맞고 죽게 된다.
가짜 질문이 준비되면 그에 딱 맞는 스승이 나타난다.
견성체험, 구원, 불성, 참나, 해탈, 열반, 깨달음, 도(道), 초월적
삶……

모두 가짜 스승이 만든 가짜 해답이다.

제자들은 가짜 해답을 얻기 위해 엉터리 생각에 빠져든다.

엉터리 생각은 엉터리 행동을 낳고, 엉터리 행동은 엉터리 결과를 낳는다.

이른바 수행자의 탄생이다.

첫 번째 수행은 '찾음'으로 시작된다.

수행자는 이름난 사원이나 성자를 찾아다닌다.

찾는 행위는 필연적으로 가짜 해답을 만들어낸다.

'모두' 사용 중인 깨달음이 '개인' 목표였기 때문이다.

수행자는 '코로 숨쉬기'를 죽을 때까지 연구하는 자이다.

두 번째 수행은 '없앰'으로 시작된다.

수행자는 가부좌를 틀고 명상에 빠져든다.

대부분 명상은 에고를 부정하는 회피기전을 이용한다.

이 방법은 꽤 인기를 끌고 있지만 필연적으로 실패한다.

에고는 인간의 삶에 필수적 수단이기 때문이다.

고속도로에서 자동차 밖으로 뛰쳐나가 맨발로 달리는 남자를 상상해 보라.

결국, 명상이 망상임을 알아차린 수행자는 다음 단계 수행으로 들어간다.

선(禪) 공부에 빠져드는 것이다.

많은 사람들이 선을 마음공부라 말한다.

사실을 말하자면, 선은 공부를 금지하는 마음이다.

이러한 오해로 선은 수행자를 더욱 관념화시킬 수 있다.

스승은 제자 앞에서 막대기를 "딱!" 내리치며,

"이것이 전부다." "내가 부처다." "나는 전체다."라고 선언(宣言)한다.

이러한 선언(禪言)은 'A＝B 이다.'라는 조건명제(Proposition)를 형식으로 한다.

(미라 파갈의 인터뷰에서 선의 관념화를 거듭 지적하고 있다.)

여기서 말하는 조건명제란 'A이면 B이다.'라는 언어구조이다.

'나는 부처이다.'를 예로 들어보자.

A(나)를 선(先)조건, B(부처)를 후(後)조건이라 한다.

A＝B라는 명제가 충분하려면, A가 참일 때만 B는 참임이 보장된다. '나는 부처이다.'라는 명제가 성립하려면 나(A)가 참일 때만 부처(B)가 성립된다. 하지만 선에서는 '나(A)'를 참이 아닌 임시적 존재로 전제한다.

따라서 '나(A)는 부처(B)이다.'라는 조건명제는 수행자를 딜레마에 빠지게 만든다. 왜냐하면 애초부터 '나(A)'가 참이 아니므로 '부처(B)'도 참이 아닌 조건적 존재가 되기 때문이다.

이런 선언적 관념은 수행자에게 아무런 힘이 되지 못한다. 오히려 수행자를 더욱 좌절시킬 뿐이다.

예를 들어, '스타벅스 종이컵(A)은 커피(B)이다.'라는 조건명제가 성립하기 위해서는 먼저 종이컵(A)이 참이어야 한다. 하지만 스타벅스 종이컵을 사기 위해서는 돈이 필요하다. 그러므로 종이컵은

나에게 충분한 참이 될 수 없기에 '스타벅스 종이컵은 커피가 아니다.'

선문답의 오류를 최소화하기 위해 얀은 앞 조건(A)을 부정해 본다. 웨인의 인터뷰에서 '강은 강, 산은 산이다.'를 성립시키기 위해 '강은 강이 아니고 산은 산이 아니다'로 부정한다. 그다음 '그러므로 강은 강, 산은 산이다.'로 재정의함으로써 언어 관념을 최소화시킨다.

2,600년 전 현자도 언어 관념을 피하기 위해 이와 같이 말했다.

불법은 불법이 아니다. 그러므로 불법이다. (如是我聞, 이와 같이 들려졌을 뿐이다.)

하지만 언어를 사용하므로 관념화를 완전히 피할 수 없었다. 언어는 태생적으로 이분(二分)도구이기 때문이다. 현자는 이러한 딜레마를 알아채고 모든 말을 끊어 버렸다.

왜냐하면 관념과 논리를 피하기 위한 선언(禪言)도 취지와는 달리, '나 vs 부처, 돌멩이 vs 불성, 나 vs 전체'로 이원성을 관념화시킨다. 얀은 언어가 수행자를 단견에 빠지게 만들 수 있음을 경고한다.

그렇다면 얀이 본 손가락 하나는 무엇일까?

그것(It)은 언어적, 이원적 사고인 'A＝B이다.'가 아닌

비언어적, 비이원적 사고인 'A＝A(One and The same)'이다.

이것이 이 책이 전하는 직접적인 길이다.

'그것(It)'은

주체 vs 대상이 아닌 '존재(Being)'이다

과거 vs 미래, 현재도 아닌 '이 순간(Presence)'이다.

부분 vs 전체의 통합이 아닌 '하나임(Oneness)'이다.

나 vs 세계의 합일이 아닌 '단일 의식(Unicity)'이다.

A＝B가 아닌, 'A＝A'이다.

이것(This)은 (그것)It이 아니다.

바로(This), (그것)'It!'이다.

This is It!

옮긴이처럼 보이는 옮긴이 **방기호**

THIS IS IT
디스 이즈 잇

'하나'의 본성에 관한 대담

초판 발행| 2024년 7월 1일
초판 2쇄| 2025년 2월 3일

지은이| 얀 케르쇼트
옮긴이| 방기호
펴낸이| 김성배
펴낸곳| 도서출판 씨아이알

책임편집| 박승애
디 자 인| 이데아(idea)
편집교열| 김선경
제작관리| 김문갑

등록번호| 제2-3285호
등 록 일| 2001년 3월 19일
주   소| (04626) 서울특별시 중구 필동로8길 43(예장동 1-151)
전화번호| 02-2275-8603(대표)
팩스번호| 02-2265-9394
홈페이지| www.circom.co.kr

ISBN| 979-11-6856-234-9 03110